Hans-Peter Pracht

Die Eifel

55 Highlights aus der **Geschichte**

Menschen, Orte und Ereignisse, die unsere Region bis heute prägen

SUTTON HEIMAT

Inhalt

Die Eifel
Ein vielfältiges Stück Heimat

Die Eifel ist eine sanfte, hügelige Landschaft im Westen Deutschlands mit verträumten Fachwerkorten, Burgen, Schlössern, Klöstern, Wäldern und imposanten Fernblicken. Es gibt keine festgesetzten, verwaltungsmäßigen Abgrenzungen, die die 5.300 Quadratkilometer einschließen. Im Westen erstreckt sich die Eifel etwa südlich von Aachen, Belgien und Luxemburg tangierend, bis Trier. Die Mosel bis Koblenz stellt im Süden eine natürliche Grenze dar. Von dort dem Rhein abwärts folgend bis Rolandseck, dann nordwestlich abschwenkend über Rheinbach zurück zum Ausgangspunkt. Dieses abwechslungsreiche Gebiet sprudelt über an geologischen, landschaftlichen, historischen, baulichen und kulturellen Highlights, die ein Poet beschreiben müsste, dem die richtigen „Farben in der Wortwahl“ zur Verfügung stehen.

Die Entstehung der Eifellandschaft liegt weit in der Erdgeschichte zurück. Im Zeitalter des Tertiärs vor 66 Millionen Jahren öffnete sich hier die Erde, formte die Landschaft mit heftigen Vulkanausbrüchen und schuf das heute so beliebte Hügelland. Eine kleine Korrektur erfolgte dann vor 10.000 bis 13.000 Jahren. Wieder waren es vulkanische Kräfte, die die einzigartigen Maare mit ihren Wasserflächen schufen, heute eindrucksvoll als die „Augen der Eifel“ bezeichnet. Es ist in den folgenden Kapiteln nicht zu vermeiden, immer wieder die vulkanische Herkunft der Eifel zu erwähnen.

In das wilde Land der Kelten und Germanen brachten vor mehr als 2.000 Jahren erstmals die Römer ein geordnetes Mit- und Nebeneinander, das viereinhalb Jahrhunderte anhalten sollte. Bergbau wurde betrieben, eine rund 100 Kilometer lange Wasserleitung bis Köln errichtet, Tempelanlagen wurden erbaut, Fernstraßen geschaffen. Doch diese Errungenschaften zerbrachen nach dem Rückzug der Römer.

Später entstanden unzählige Burgen und Stadtbefestigungen zur Verteidigung des Territoriums und zum Schutz der Bevölkerung. Heute sind zum Beispiel die malerische Burg Eltz, das romantische Schloss Bürresheim, die wehrhafte Burg Pyrmont oder die weithin sichtbare, auf einem Phonolithkegel gelegene Burg Olbrück aus der Eifellandschaft nicht mehr wegzudenken und Garant für die authentische Weitergabe der Geschichte. In Ebenen entstanden Wasserburgen, wie die noch bewohnte Burg Satzvey südwestlich von Euskirchen. Später wurden viele Burgen in Schlösser umgewandelt.

Der Dreißigjährige Krieg, der Pfälzische Erbfolgekrieg und andere Ereignisse dieser Art suchten dann das Land heim, bescherten der Bevölkerung keine guten Zeiten. Pest und Hexenverfolgung setzten den Menschen zu. Hungersnöte brachten Tod und Verderben.

Von Südamerika war bereits im 17. Jahrhundert die Kartoffel nach Europa gelangt, die der hungernden Bevölkerung hätte zugutekommen können. Aber das Misstrauen der Eifeler gegenüber dieser unbekannten Frucht war noch zu groß, man befürchtete

Bei der Ernte der erst spät als wertvoll erkannten Kartoffel waren stets alle Familienmitglieder beteiligt. Gemälde von Ludwig Knaus, 1889.

Krankheiten nach dem Genuss der unbekannten Knolle. Doch eines Tages war die Ablehnung überwunden. Einige Mutige trauten sich und waren nach dem Verspeisen der Knollen nicht nur gesättigt, sondern auch wohlauf. Die Kartoffel wurde schließlich zum Hauptnahrungsmittel mit unzähligen und vielfältigen Verarbeitungs- und Zubereitungsmöglichkeiten – bis heute.

Viel später kam eine weitere Wende: Plötzlich zog es die Menschen in die Eifel. Der Tourismus, damals noch „Sommerfrische", später Fremdenverkehr genannt, blühte auf und mit der Eröffnung des Nürburgrings, einer Initiative Kaiser Wilhelms II., strömten noch mehr Menschen in die einst strukturschwache und vernachlässigte Eifelregion.

Zahlreiche Museen in der Eifel sind heute darauf bedacht, die Vergangenheit für die Zukunft zu bewahren. Ebenso erhalten Junggesellen- und Traditionsvereine Überlieferungen und Bräuche, von denen die Eifel eine Vielzahl besitzt. Unzählige Wanderwege führen die Menschen heute dorthin, wo es am interessantesten ist. Das einst negative Prädikat „Preußisch Sibirien" ist Vergangenheit.

An dieser Stelle danken Autor und Verlag allen Privatpersonen, Institutionen, Burg- und Schlossbesitzern, Firmen, Vereinen und Museen, die zum Teil Fotos zur Verfügung gestellt haben, aber auch ihre Genehmigung zur Veröffentlichung vorhandener Bilddokumente aus dem Archiv des Autors gegeben haben.

1 Das Erwachen der Eifel

Die Industrialisierung als Impulsgeber

Es war ein langer Weg, bis die Eifel ihre Anerkennung als in ihrer Art außergewöhnliche und einzigartige Region erlangen konnte. Nach dem Wiener Kongress 1815 wollte zunächst kaum noch jemand Eifeler sein. Die Menschen kämpften und glaubten jedoch an die Zukunft in ihrer Heimat. Mit der fortschreitenden Technik und Industrialisierung ging es aufwärts.

Es galt lange Zeit als Makel, in der Eifel geboren zu sein oder dort zu leben. Die Eifeler galten Außenstehenden als zu lässig im Arbeiten, schlaff und langsam in ihren Bewegungen. Es hieß sogar, sie seien faul und brächten nichts zustande. Viele verleugneten deswegen ihre Eifel-Heimat: Menschen wurden bspw. in eine andere Richtung geschickt, wenn sie nach dem Weg dorthin fragten.

Im Jahr 1860 fand der Landrat von Rheinbach heraus, dass die Böden zu schlechte Voraussetzungen mitbrachten, um zufriedenstellende landwirtschaftliche Ergebnisse zu erzielen. Stellenweise lagen auf felsigem Untergrund nur wenige Zentimeter karger Boden. Ein konstanter Wasserspeicher kam nicht zustande. Sandige Böden banden das Wasser nicht, während lehmiger Untergrund die Nässe

speicherte; die Böden versauerten, Saatgut verfaulte. Das alles machte die Menschen mutlos. Die noch fehlende Infrastruktur ließ den wirtschaftlichen Anschluss an andere Gebiete nicht zu.

Ohne ausreichende Nahrungsmittel wie Gemüse und Fleisch fehlte es den Menschen an der Kraft, Ländereien zu bearbeiten. Die Hauptvegetationsphasen in der Eifel waren, bedingt durch die langen Winter und kurzen Sommer, 30 bis 40 Tage kürzer als in anderen Regionen. Kam es dennoch einmal vor, dass eine gute Ernte in Aussicht stand, machten Hagel, Sturm oder Frosteinbrüche im Sommer alles zunichte. Hungersnöte waren die Folge. Die schlechten Zukunftsperspektiven verursachten im 19. Jahrhundert eine große Auswanderungswelle. Menschen jeden Alters verließen ihre Heimat. Sie begaben sich nach dem Verkauf von Hab und Gut auf die lange, gefährliche Reise über den „großen Teich". Manche fanden dort ihr erhofftes Glück, viele kehrten in die Hoffnungslosigkeit zurück, viel ärmer als zuvor.

Die Wende stellte sich Mitte des 19. Jahrhunderts ein. Die Eifeler kämpften und glaubten an die Zukunft in ihrer Heimat. Mit der fortschreitenden und auch in der Eifelregion einkehrenden Technik und Industrialisierung ging es endlich aufwärts. Ein dichtes Eisenbahnnetz überspannte schließlich den ganzen Eifelraum. Tunnel garantierten kürzere Fahrzeiten, Bahnhöfe mit Lagerkapazitäten wurden errichtet, Waren erreichten somit schneller ihr Ziel. Die Postzustellung erfolgte zügiger, weil die Bahn die Kutsche ersetzte. Das Mineralwasser wurde zum einträglichen Naturprodukt. Kurbäder entstanden an Heilwasserquellen und nahmen Heilsuchende auf. Hotels und Pensionen boten Unterkünfte für Besucher. Die Herstellung von Holzkohle für die Eisengewinnung im Ruhrgebiet wurde zum lohnenden Geschäft.

Stauseen regelten einen permanenten Wasserhaushalt. Handwerksbetriebe wie Webereien, Färbereien oder Gerbereien profitierten davon. Der Wasserbedarf war ganzjährig sichergestellt, unkontrollierte Überschwemmungen waren gebannt. Die Urfttalsperre, von 1900 bis 1905 erbaut, war mit 2,16 Quadratkilometern Wasserfläche größter Stausee Europas. Der Einzug des elektrischen Stroms in der Eifel Ende des 19. Jahrhunderts war nochmals ein gewaltiger Schritt nach vorne. Die Eifel hatte ihren Anschluss gefunden.

Ein heute eher seltener Dampfzug vor der Bertradaburg in Mürlenbach im Landkreis Vulkaneifel.

2 Augen der Eifel
Die Maare rund um Daun

Irgendwann war der poetisch klingende Begriff geprägt: Die meist glatte Wasseroberfläche der Maare spiegelt den Himmel darüber und vermittelt den Eindruck blauer Augen im satten Grün der Landschaft. Augen, durch die wir zurückblicken in die vulkanische Vergangenheit der Eifel.

Die Maare sind ebenfalls Ergebnisse einstiger vulkanischer Tätigkeit, nur sind sie nicht im gleichen Zeitraum wie die Schichtvulkane entstanden, die heute noch als bewachsene Anhöhen zu erkennen sind. Während diese sich im Tertiär vor 66 Millionen Jahren mit großer Gewalt aufbauten, versuchte die Erde vor 10.000 bis 13.000 Jahren noch einmal, ihrem aufgestauten Inneren Luft zu machen, den Gasdruck aus der Tiefe zu entladen. Schwachstellen der Erdkruste rissen auf und es begann die Neugestaltung der Landschaft, wie wir sie heute vorfinden. Allerdings waren diese Kräfte nicht mehr so stark, dass sich neue Schichtvulkane aufbauen konnten. Die letzten Gasexhalationen waren dennoch kräftig genug, dass es ihnen gelang, rund um den Austritt Schichten, sogenannte Maarwälle, aufzubauen – die beste Grundlage für später entstehende, riesige Wasserbehälter, die durch Niederschlag oder natürliche Quellen gefüllt wurden. Ein Abfließen nach unten zum Maarboden hin war nicht möglich, weil anfänglich zurückrutschende Auswurfmassen den Schlot nach und nach verschlossen. Diese Vorgänge waren nicht einmalig, sondern erfolgten immer wieder in Abständen und bauten die Maarwälle mit unterschiedlichen Materialien auf, je nachdem wie sich das Nebengestein der durchbrochenen Devondecke löste, mitgerissen wurde und ablagerte. So hat auch das Pulvermaar bei Gillenfeld durch die feinen Schlacken und Sande, die „emporgefördert" und am Rand abgelagert wurden, seinen Namen erhalten. Das nahezu kreisrunde Erscheinungsbild zeugt davon, dass das Untergrundmaterial gleichmäßig geschichtet war und ohne Hindernisse nach oben getragen werden konnte.

Unter der Wasseroberfläche der Maare zeigt sich der Untergrund meistens trichterförmig zur Mitte zulaufend. Die Tiefen sind je nach Größe unterschiedlich. Das Schalkenmehrener Maar weist eine Tiefe von 21 Metern auf. Das Weinfelder Maar hat mit 51 Metern die identische Absenkung mit dem Laacher See in der Osteifel. Das tiefste der Eifelmaare ist das Pulvermaar mit 74 Metern und einem Wasserinhalt von zwölf Millionen Kubikmetern. Gleichzeitig ist es tiefer als jeder andere See außerhalb der Alpen.

Das Wasser der Maare ist meistens ruhig, weil starke Windbewegungen von den bewaldeten Maarwällen abgehalten oder abgelenkt werden. Es kann aber auch vorkommen, dass sich starke Winde im Kessel verwirbeln und es dadurch eine deutliche Wellenbildung gibt.

Das sagenumwobene Weinfelder Maar, auch Totenmaar genannt, ist eines der drei Dauner Maare.

In der Vulkaneifel im Bereich Daun gibt es 31 Maare, die mit Wasser gefüllt sind. Es existieren aber auch landschaftliche Gebilde, die ebenfalls als Maare bezeichnet werden und die die gleiche geologische Entstehungsgeschichte haben, allerdings nicht mit Wasser gefüllt sind. Dabei handelt es sich dann um Vertiefungen in der Topografie mit unterschiedlichen Ausdehnungen, die früher möglicherweise mit Wasser gefüllt waren, aber später verlandet sind und von der Vegetation überwuchert wurden. Die Maare sind lebendige Zeugnisse spätvulkanischer Tätigkeit und wegen ihrer Einzigartigkeit beliebte Ausflugsziele.
Der Laacher See lässt noch heute keinen Zweifel an seiner Herkunft. An der Ostseite steigen starke Blasen auf, sogenannte Mofetten, die aus Kohlensäuregas bestehen. Das bedeutet, dass Mutter Erde in ihrem Innern noch immer nicht zur Ruhe gekommen, ihre Energie vielleicht sogar stärker geworden ist.

3 Fußbodenheizung und importierter Wein
Die Römer in der Eifel

Sie wollten ihr Reich erweitern, als sie kurz vor Christi Geburt nach Norden vordrangen. Doch die Römer brachten in die eroberten Gebiete auch Kultur, Architektur, eine Verbesserung der Infrastruktur und eine neue Ordnung mit. Eine Zeit des Aufschwungs begann früh in der Eifel.

Leicht hatten es die Römer zunächst nicht im ungezähmten Gallien. Dennoch zeigten sie Geduld in den viereinhalb Jahrhunderten ihrer Anwesenheit. Mit ihrem durchdachten und in der Heimat praktizierten Verwaltungssystem brachten sie geordnete Verhältnisse in einen Landstrich, der zuvor schlichtweg als „wild" bezeichnet werden musste. Natürlich stand bei allem der militärisch-logistische Aspekt im Vordergrund. Die Römer bauten Fernstraßen. Zahlreiche römische Militärlager entstanden, die Menschen wurden hier heimisch. Sie betrieben Ackerbau und Viehzucht, trieben die Suche nach Bodenschätzen und deren Förderung und Verarbeitung voran. In erster Linie wurden Blei und Eisenerz zur Waffen- und Werkzeugherstellung gebraucht.

Das Nebeneinander mit den hier ansässigen Bewohnern funktionierte schließlich hervorragend. Beide Seiten passten sich schnell an, übernahmen Sitten und Gebräuche voneinander, lernten die jeweils andere Sprache. Den Einheimischen wurde bewusst, dass die Römer nicht nur eine straffe wirtschaftliche Entwicklung ins Land brachten, sondern auch Frieden und Stabilität – den „pax romana", römischen Frieden. Hierzu gehörte auch das Errichten von Tempeln und Heiligtümern zur Verehrung der eigenen und der fremden Gottheiten.

Die Römer richteten sich auf eine lange Verweildauer ein. Das zeigen u. a. die komfortablen Villen mit Fußbodenheizungen, fließendem Wasser und Bademöglichkeiten, die die Römer besonders schätzten. Mineralquellen und Thermen wurden so umfassend genutzt, dass regelrechte „Kurbetriebe" entstanden. Verdienten Legionären wurden in Anerkennung ihrer treu geleisteten Dienste als Altersversorgung komfortable Villen übereignet.

Für den zügigen Nachschub von Waren und Gütern entstanden an Knotenpunkten der großen Fernstraßen Rastplätze, sogenannte Mansiones, mit unterschiedlichen Gebäudekomplexen. Dort erhielten die Transportgespanne frische Pferde, das Begleitpersonal wurde ausgewechselt und konnte sich erfrischen, speisen und übernachten. So entstanden kaum Verzögerungen auf dem langen Transport der Güter. Das in der Heimat für fast alle Speisen gebräuchliche Olivenöl wurde importiert, denn die Olivenbäume gediehen hier im rauen Norden nicht. Ebenso der Wein, wenn die Ernte an den Moselhängen einmal nicht so ertragreich ausfiel.

Sogar über Fernmeldestationen verfügten die Römer. Auf exponierten

Die zufällig bei Straßenbauarbeiten entdeckte Römervilla bei Ahrweiler zeigt den schon damals hohen Anspruch an den Wohnkomfort.

Anhöhen in Sichtweite wurden mittels Feuerzeichen wichtige Nachrichten weitergeleitet. Die Infrastruktur war einfach beispielhaft.

Das alles klingt so gut! Zu gut, als dass es hätte bleiben können. Der ganze Fortschritt erhielt einen herben Rückschlag, als um das Jahr 260 räuberische Germanengruppen in die römischen Bereiche einfielen und dem friedlichen gemeinsamen Leben schadeten. Das Leben wurde immer unsicherer, vieles zerstört, auch einige heute noch bekannte Villen, deren Überreste in der Eifel ausgegraben wurden. Sogar größere Ansiedlungen wurden Opfer zerstörerischer Wut. Die Menschen, die die lange friedliche Zeit genossen hatten, zogen sich in sicherere Gebiete zurück. Köln und Trier, als besonders befestigte Metropolen, konnten sich noch einige Jahrzehnte halten. Dann ging das römische Reich hier zu Ende, die prägenden Spuren des römischen Einflusses aber blieben.

4 Deutschlands älteste Stadt
Die Römer und Augusta Treverorum

Mutig siedelten die Römer einst im wilden Germanien. Sehen wir die prachtvollen Städte, die meist aus den militärischen Stützpunkten entstanden, sind wir voll des Staunens und der Bewunderung. Stolz blicken die Eifeler heute auf Augusta Treverorum – Trier.

Wäre man den Annahmen mittelalterlicher Chronisten gefolgt, dass Trier schon 1.300 Jahre vor der Stadt Rom erbaut worden sei, könnte sich diese Stadt heute sogar als älteste Europas bezeichnen. Da aber die Ansiedlungen im Trierer Tal noch zu klein waren, um einen Stadtstatus zu beanspruchen, begann die Rechnung erst im Jahre 16 v. Chr., als Kaiser Augustus die römische Siedlung Augusta Treverorum gründete. Somit bleibt Trier aber immerhin noch älteste Stadt Deutschlands und der südlichste Eck- und Grenzpfeiler der Eifelregion.

Es war keineswegs willkürlich, sondern gut überlegt, an dieser Stelle, an der sich das ansonsten enge Moseltal im Land der Treverer weitet, eine Stadt zu gründen. Hier kreuzten zwei bedeutende römische Fernstraßen mit herausragender logistischer Bedeutung. Eine davon führte von Lyon nach Köln, die andere von Paris nach Mainz, wie diese Städte heute heißen. Beide waren der Garant dafür, dass die neu gegründete Stadt Augusta Treverorum einen schnellen Aufstieg erfuhr. So entwickelte sich Trier rasch zu einem bedeutenden Handelszentrum. Die zahlreichen Güter, die für die Militärstädte am Rhein erforderlich waren, wurden hier mit hohem Gewinn umgeschlagen. Der Transport auf Mosel und Rhein war zudem einfacher und vor allem wesentlich sicherer als auf dem Landweg, auf dem zusätzlich noch Höhenunterschiede überwunden werden mussten und mehr Personal als

Begleitung erforderlich war. Aufgrund dieser Blütezeit ließ das Prädikat „urbs opulentissima" („ungemein reiche Stadt") für Trier nicht lange auf sich warten.

Die Römer waren bekannt für ihr Badevergnügen im wohltemperierten Wasser. Badeanlagen waren beliebte gesellschaftliche Mittelpunkte, in denen in lockerer und ungezwungener Atmosphäre Neuigkeiten ausgetauscht und Nachrichten weitergegeben wurden. Sogar geschäftliche Abmachungen wurden im Bad ausgehandelt. Besonderen Wert legten die Römer auf das optisch ansprechende und luxuriöse Ambiente der Anlagen. Man wollte sich einfach wohlfühlen. Auch der soziale Gedanke stand bei den Römern im Vordergrund, denn das Badevergnügen musste für jedermann erschwinglich sein, niemand durfte ausgeschlossen werden. Das Besondere an der römischen Badekultur waren die unterschiedlichen Wassertemperaturen, die Steigerung von niedrigen zu höheren Temperaturen.

Die Barbarathermen, das Amphitheater und die erhaltene Stadtmauer mit einer Länge von 6,4 Kilometern zeugen noch heute vom damaligen Reichtum, Ansehen und von der großen Bedeutung, die die Stadt bis zum Ende des 2. Jahrhunderts erlangte. Die Porta Nigra, weltweit bekanntes Wahrzeichen und untrennbar mit Trier verbunden, war das nördlichste Stadttor.

Die Reste der Trierer Kaiserthermen lassen die große Badeleidenschaft der Römer deutlich werden.

5 Häuser wie im Märchen
Die Eifeler Fachwerkbaukunst in Monreal

Natürlich gibt es fast überall in Deutschland Fachwerkhäuser, die sich in Schönheit, Machart und Ausstattung zu übertreffen scheinen. Aber Monreal „hat was". Im Jahr 2004 wurde der Ort Sieger im Bundeswettbewerb „Unser Dorf hat Zukunft". Ein altehrwürdiges Dorf, das auch in Film und Fernsehen bundesweit bekannt wurde.

Wer den kleinen Ort Monreal unweit von Mayen besucht, fühlt sich sofort in frühere Jahrhunderte versetzt. Ein imposantes, architektonisch beispielhaftes Bilderbuch des Fachwerkbaus wird aufgeschlagen. Liebevoll restaurierte und wirklich sehenswerte Fachwerkhäuser lassen den einstigen Wohlstand dieses Ortes erkennen, der durch den Tuchhandel bis in das 18. Jahrhundert andauerte. In der zweiten Hälfte des 19. Jahrhunderts allerdings kam den Menschen dort das sorglose und gesicherte Auskommen abhanden. Die internationale Konkurrenz in diesem Zweig wurde zu stark. Verbesserte Technik und weitläufigere Geschäftsverbindungen erreichten den kleinen Ort im Elztal nicht. Die Anzahl der Aufträge reduzierte sich, bis sie schließlich nahezu versiegten und die fleißigen Menschen in die Armut fielen. Ab den 1930er-Jahren verbesserte sich die Gesamtsituation in Monreal langsam wieder. Bei vielen Menschen setzte damals ein Umdenken ein. Das Interesse für romantische, bauliche und geschichtsträchtige Kleinode und die Eifelregion überhaupt trat mehr in das Bewusstsein.

Monreal mit seinen malerischen Fachwerkensembles, den Einzelfachwerkhäusern mit ihren kunstvoll gestalteten Fassaden und Giebeln und seiner engen Infrastruktur erweckt den Eindruck, man befände sich auf dem Terrain einer Modelleisenbahn. Das ehrwürdige Alter Monreals, das im Jahr 1229 erstmals erwähnt wurde, zeigt sich in jedem Winkel. Die enge Bebauung im schmalen Elztal und die Einstellung der dort lebenden Menschen haben offenbar dazu beigetragen, dass eine moderne Neubebauung und somit die Umwandlung des Gesamtbildes des malerischen Ortes rechtzeitig verhindert wurden.

Nur wenige Orte werden gleich von zwei Burgen überragt. Hier sind es die Philippsburg mit Bergfried und einigen Mauerresten und die Löwenburg, ebenfalls Ruine, aber deshalb keineswegs weniger interessant. In der Präsenz der Burgen spiegelt sich die einstige hohe Bedeutung Monreals wider. Der Vergleich mit der Modelleisenbahn ist gar nicht abwegig: Unter den beiden Burgen verläuft in einem Tunnel die Bahnlinie von Gerolstein nach Kaisersesch, die Eifelquerbahn, die bis 2012 auch noch mit Dampflokomotiven bedient wurde. Über drei steinerne Bogenbrücken lässt sich der Elzbach überqueren.

Während andere Orte mit gleichem baulichem und historischem Flair ebenfalls sehr beliebt sind und von Liebhabern dieses „Genres" gerne aufgesucht werden,

Liebevoll gepflegt und stolz präsentiert: Fachwerkbauten in Monreal am Elzbach.

erlangte Monreal mit seiner einzigartigen Fachwerkkulisse sogar bundesweit einen hohen Bekanntheitsgrad. Überdies entstanden in diesem viel gerühmten Ambiente gefilmte Kriminalepisoden mit dem Titel „Der Bulle und das Landei", in der Hauptrolle Uwe Ochsenknecht. Die zeitgemäße, ein wenig satirische Handlung verbindet sich mit dem mittelalterlichen und vollkommene Seriosität ausstrahlenden Umfeld zu einer gegensätzlichen, dennoch stimmigen Mischung. Die Dreharbeiten lockten Besucher an, wobei weniger die Filmarbeiten als vielmehr die beeindruckende Kulisse ausschlaggebend gewesen sein dürften.

6 Stolberger Gold
Die älteste Messingstadt der Welt

Messing ähnelt in Farbe und Glanz dem beliebten Edelmetall Gold. Die Legierung aus Kupfer und Zink erfuhr ebenfalls große Wertschätzung und bot mannigfache Verwendungsmöglichkeiten. Ende des 16. Jahrhunderts führten die Kupfermeister mit diesem Metall den Ort Stolberg in eine Blütezeit.

Die Voraussetzungen zur Metallherstellung waren im heutigen Stolberger Raum ideal. Archäologisch nachgewiesen ist, dass dort bereits vor 12.000 Jahren Eisenerz- und Zinkspat-Vorkommen genutzt wurden, später

auch von den Kelten und Römern. Holz und Kohle, beides zum Betreiben von Schmelzöfen erforderlich, waren in greifbarer Nähe. Die Wasserkraft des Vichtbachs ermöglichte das Betreiben von Hammerwerken.

Ende des 16. Jahrhunderts führten die Kupfermeister, die sich in Stolberg angesiedelt hatten, den Ort zu einer wirtschaftlichen Blütezeit. Wegen strengerer Zunftstatuten im nahe gelegenen Aachen waren viele Handwerker dieser Zunft nach Stolberg umgesiedelt. Auch die um 1600 herrschenden Glaubenskämpfe veranlassten protestantische Handwerker, nach Stolberg umzuziehen, was sich letztlich als gute Entscheidung für sie herausstellte.

Während die als gehoben anzusehende Schicht der Kupfermeister in dieser Zeit immer mehr Reichtum und Ansehen anhäufen konnte, wurden die einfachen, sogenannten Ofen- und Mühlenknechte, die tatsächlich allein die härteste und kräftezehrende Arbeit zu verrichten hatten, immer schlechter gestellt. Der Druck, höhere Leistungen zu erbringen, stieg. Sie hatten die Öfen ständig auf einer bestimmten Temperatur zu halten, Nachschub musste zügig herbeigeschafft werden, das Erzgestein entsprechend „gemahlen", das heißt von Hand für den Schmelzvorgang zerkleinert werden. Der Arbeitstag bestand aus mindestens zwölf Stunden härtester körperlicher Anstrengung. Danach war für die meisten der Arbeiter der Weg zu ihren Familien zu weit und kräfteraubend. Sie fanden Ruhe und etwas Erholung auf ihren einfachen Strohlagern, bis der nächste Tag ihnen wieder ein hartes Arbeitspensum für einen Hungerlohn abforderte.

Es gab auch damals schon Zeitgenossen, die sich lieber fertiger Produkte ohne Entgelt bedienten. Um vor Diebstahl von gewonnenem Metall sicherer zu sein, wurden die Kupferhöfe so ausgebaut und bewehrt, dass sie sogar kleinen Wehranlagen des Mittelalters ähnelten. Daher entstanden in den Höfen durch Tore und Türen nur schwer zugängliche Innenbereiche, starke und hohe Bruchsteinmauern schreckten vor Angriffen ab. Das Erreichen des Kernbereichs des Anwesens wurde durch Wassergräben erschwert. Lediglich die hohen Schornsteine ließen erkennen, dass es sich bei dem Bauwerk um eine Handwerksstätte handelte.

Um 1800 ging die Nachfrage nach Messing zurück. Die einst erfolgreichen Kupfermeister waren gezwungen, sich umzuorientieren und andere Beschäftigungsmöglichkeiten zu erschließen, um weiterhin ihren Lebensunterhalt zu bestreiten. Aber sie mussten nicht lange suchen, denn sie konnten sich weiterer Rohmaterialen aus der Region bedienen. Mit den dort vorkommenden Materialien wie Quarzsand, Soda und Kalk sowie immer noch Kohle und Holz war schnell ein neuer Erwerbszweig gefunden: die Glasherstellung. Die noch fehlende Erfahrung auf diesem Gebiet konnten aus dem Schwarzwald angeworbene Kräfte nach und nach vermitteln.

‹ Aus einer Kupferlegierung mit einem Anteil von 40 Prozent Zink entsteht das goldfarbene Metall, das bei der Verarbeitung und Herstellung unzähliger Objekte angewandt wird.

7 Würziger Aufstrich für den Kaiser
Monschau und der Senf aus der Eifel

Die Aussage, dass jemand „seinen Senf dazu gibt“, ist oft negativ behaftet. Nicht so in Monschau in der Nordeifel. Dort hat der Senf seit über 130 Jahren eine besondere Bedeutung und Tradition. Und jeder, der hierherkommt, weiß schnell die Zugabe des würzigen Aufstrichs zu würdigen.

Bereits 1882 hat man im beschaulichen Fachwerkstädtchen Monschau, in einer Talmulde der Rur gelegen, mit alten Basalt-Mühlsteinen die Samenkörner gemahlen und daraus den „Moutarde de Montjoie“ hergestellt. Es waren die Brüder Clemens August und Heinrich Breuer, die neben anderen Erwerbszweigen ein besonderes Augenmerk auf die Herstellung von Senf richteten. Was war anfangs einfacher und nahe liegender als die Kraft des Wassers, hier der Rur, zu nutzen, um ein Wasserrad zum Mahlen anzutreiben. Als zu dieser Zeit Kaiser Wilhelm II. einen Besuch in Monschau ankündigte, nahmen die Brüder diese Chance wahr und entwickelten einen speziellen Kaisersenf, der noch heute in der gleichen Zusammensetzung wie damals hergestellt wird. Auch die mittlerweile fünfte Generation der Familie Breuer bewahrt die Rezepte als streng und gut behütetes Geheimnis auf. Gut so, denn man muss nicht alles wissen.

Aber auch in der Senfmanufaktur Monschau wollte man sich dem Fortschritt nicht verweigern und musste außerdem der steigenden Nachfrage gerecht werden. In den 1950er-Jahren wurde die Senfmühle in die Laufenstraße 118 verlagert, wo modernere und leistungsstärkere elektrische Mahlwerke die Arbeit erleichterten. Die ehemalige Produktionsstätte besteht allerdings noch immer und ist als unter Denkmalschutz stehendes technisches Denkmal in ihrer einstigen Form erhalten und zu besichtigen.

Traditionell sind mehrere Arbeitsschritte in der Senfherstellung erforderlich. Durch den Mahlvorgang von entweder dunkler oder heller Saat zwischen den schweren Basalt-Mühlsteinen entsteht Maische, die ätherische Öle entfaltet. Dieser Masse werden Essig, Salz und entsprechende Gewürze hinzugefügt, je nachdem, welche spezielle Geschmacksnuance entstehen soll. Dem sind kaum Grenzen gesetzt. Im Laufe der Zeit wurde Senf vom einfachen, streichbaren Gewürz für Wurst oder zur Konservierung von Fleisch immer weiterentwickelt. Er dient längst nicht mehr nur als Zugabe für eine Bratwurst auf der Kirmes, sondern hat durch Experimentieren, Ausprobieren und Abwandeln den Status einer Delikatesse erlangt. Diese kleinen gelben oder dunklen Samenkörnchen sind durch vielfältige Be- und Verarbeitungsmethoden und entsprechende Zugaben zu einer kulinarischen Besonderheit geworden und heute auch aus Sterneküchen nicht mehr wegzudenken. So kommt inzwischen eine Vielfalt an Gaumenfreuden zustande, sogar im Zusammenhang mit Schokolade.

Die historische Senfmühle in Monschau hat mehr zu bieten als nur herzhafte Gaumenfreuden.

Senf ist eine Kohlart, die zur Familie der Kreuzblütler gehört. Schon die Ägypter, Griechen und Römer nutzten dieses Gewürz mit den konservierenden Eigenschaften. Heimisch und gebräuchlich wurde er bei uns im 10. Jahrhundert. In der Eifel sollen die Köhler häufig Senf gesät, geerntet und zur Weiterverarbeitung verkauft haben. Auf diese Weise besserten sie mit einer schnell keimenden und wachsenden, anspruchslosen Pflanze ihren kargen Lohn etwas auf.

Die Bezeichnung „Mostrich" kann für den Monschauer Senf nicht verwendet werden. Dies steht nur dem französischen Dijon-Senf zu, dem anstatt Essig der Most aus unreifen Trauben beigefügt wird.

8 Lebende Zäune schützen
Das Monschauer Heckenland

Wenn Häuser hinter Hecken sich verstecken, dann reimt sich das nicht nur, sondern hat auch einen Sinn. Im Monschauer Heckenland, einer Hochebene, auf der der Wind von Westen stärker bläst als anderswo, verschaffen in einer speziellen Durchflechttechnik angelegte Naturbauwerke – Buchenhecken so hoch wie die Häuser selbst – etwas Linderung.

Nirgendwo sonst bläst der Wind so erbarmungslos wie auf der baumlosen Hochfläche um Monschau, östlich des Hohen Venns. Die Kulturlandschaft Monschauer Heckenland, 500 Meter üNN, hat eine Ausdehnung von 94 Quadratkilometern. Am bekanntesten ist Monschau-Höfen, weil hier anschaulich dargestellt wird, wie sich der Mensch den rauen Winden erfolgreich entgegenstellt. Vereinzelt liegende Bauernhäuser sind dem starken Wind ausgesetzt, sodass die niedrigen Wintertemperaturen noch extremer wirken.

Wie sollte man den Naturgewalten trotzen? Weitere vorgesetzte Mauern an den windzugewandten Seiten wären zu aufwendig gewesen und optisch unschön. Und wieder einmal nahm der Mensch die Hilfe der Natur in Anspruch. Man pflanzte Rotbuchen an den windbelasteten Seiten der Häuser. Im Laufe der Zeit entwickeln sie sich durch gezielte Pflege und Schnitt zu Hecken, die den Naturbelastungen trotzen. Es entstanden die sogenannte Hausschutzhecken, die dem Wind vor dem Erreichen des Hauses seine Kraft nehmen, ihn erfolgreich abwehren und schwächen. Bis die Hecken dies leisten konnten, dauerte es natürlich eine lange Zeit. Aber schließlich sind die Hecken so gewachsen, dass sie sogar eine Höhe von zehn Metern erreichen und über die Häuser hinausragen. Dieser Aufwand lohnt sich, denn speziell im Winter wird ein positives Ergebnis im Innern der Häuser wahrnehmbar.

Eine besondere „Durchflechttechnik“, bei der die Äste nebeneinanderstehender Bäume miteinander verbunden werden, bildet eine stabile Verschanzung und Stabilität, ähnlich wie der Verbund bei einer Steinmauer. Diese flexible Verbindung ist in der Lage, auch stärksten Windattacken standzuhalten. Schneeverwehungen können zwar nicht verhindert, aber mithilfe der Hecken sozusagen „gelenkt“ werden. Manche Hauseigentümer entschließen sich sogar, auch die anderen Seiten des Gebäudes mit Hecken zu schützen, sodass durchaus manchmal eine Hecken-Gesamtlänge von 30 bis 40 Metern zustande kommt.

Interessant und beeindruckend sind die Hofzufahrten. An diesen Stellen werden die Hecken so ausgespart, dass sie wie ein Scheunentor im Rundbogenprofil wirken. Ebenso verhält es sich mit Fensteraussparungen, die sich an das Gesamtbild des dahinter liegenden Gebäudes anpassen. So bilden die Hecken nicht nur ein optisch perfektes, sondern auch ein funktionell sinnvolles Naturbauwerk.

Während des ganzen Jahres bieten die mächtigen Buchenhecken auf den Höhen bei Monschau Schutz vor den heftigen Westwinden.

Auch auf den Weiden und Äckern kommt die Rotbuche zum Einsatz, ebenfalls in Form von Hecken, nur wesentlich niedriger, ähnlich der Höhe eines Weidezauns. Sie dienen einerseits als Abgrenzung, andererseits erfüllen sie wieder einmal die Aufgabe als Windbrecher, um der Erosion entgegenzuwirken und natürlich auch dem Vieh einen gewissen Windschutz zu bieten.

Der große Vorteil der Rotbuchen liegt darin, dass die Blätter, die den Wind abschwächen und minimieren, im Herbst nicht wie bei anderen Laubgewächsen abgeworfen werden. Sie verbleiben auch im Winter am Baum, allerdings nicht in dem freundlichen Grün. Im Frühling hilft der Wind, gegen den sich die ganze Maßnahme eigentlich richtet, und befreit die Hecken von dem trockenen Laub. Das neue Grün wächst schnell heran. Der Jahreslauf des natürlichen Schutzes beginnt erneut – und das seit dem 17. Jahrhundert.

9 Urwald und Geschichte
Der Nationalpark Eifel

In seinem Zentrum der historische Truppenübungsplatz Vogelsang, drumherum ursprünglich anmutende Waldgebiete, die jahrhundertealte Natur- und Kulturgeschichte dokumentieren. Beispielhaft für die Rückkehr zu dynamischer Natur und gleichzeitig behutsame Vermittlung der Geschichte dieses Lebensraums steht Nordrhein-Westfalens erster Nationalpark – der Nationalpark Eifel.

Aus unserem täglichen Leben sind sie nicht mehr wegzudenken, die Buchstaben „WWW". In der Eifel stehen sie allerdings weniger für die weltweite Vernetzung dank Internet, sondern hier bedeuten sie zuallererst: Wasser, Wald und Wildnis. Diese Begriffe sind die Säulen des Grundgedankens zur Schaffung des Nationalparks Eifel. In gegenseitiger, enger Ergänzung sollte ein Gebiet in der Nordeifel zurückgewonnen und wieder zu dem werden, was es einmal war, bevor der Mensch vor langer Zeit eingriff und die Natur auf den von ihm gewünschten Weg brachte. Vor allem sollte der „Preußenbaum", die schnell wachsende Fichte, der Buche wieder den Platz überlassen. Seit 2004 stehen auf einer Fläche von 10.700 Hektar Wald, Wiesen und Gewässer unter Schutz. Das Gebiet liegt zwischen Nideggen im Norden, Gemünd im Süden und der belgischen Grenze im Südwesten. Im Nordwesten bildet der Rurstausee die Grenze. Mitten in dem Areal liegen der Urft-Stausee mit einer Wasserfläche von 2,16 Quadratkilometern sowie der ehemalige Truppenübungsplatz Vogelsang. Die einstige „NS-Ordensburg" (siehe Punkt 10) ist allerdings vom Nationalpark Eifel ausgenommen.

Im Nationalpark soll der Mensch keinen Einfluss mehr auf die Natur nehmen. Eine Holznutzung soll unterbleiben, auf das Ernten von Früchten und Bestellen von Äckern soll verzichtet werden. Wiesen werden ohne jegliche Eingriffe den Insekten zurückgegeben, deren Bestände ohnehin rückläufig sind. Pflegerische Maßnahmen im Wald, wie zum Beispiel das Beseitigen umgekippter Bäume, wird es nicht mehr geben. Flora und Fauna werden auf der gesamten Fläche sich selbst überlassen, wie es Tausende Jahre der Fall war. Die Zeiten des „korrekten" und aus Sicht des Menschen sauberen Erscheinungsbildes des Waldes gehören im Nationalpark der Vergangenheit an. So bietet das sogenannte Totholz, das es durch die intensive Fortpflege kaum noch gab, wichtige Lebens- und Nahrungsräume und Unterschlupf für zahlreiche Tierarten, vor allem Insekten.

Der Erfolg hat seit Bestehen des Nationalparks bereits eingesetzt. Neben 900 gefährdeten Tier- und Pflanzenarten der Roten Liste konnten bereits 1.300 verschiedene Käferarten dort wiederentdeckt werden. Es wird also deutlich, dass ohne Einflussnahme des Menschen Flora und Fauna zu ihrer eigenen,

Im Nationalpark Eifel findet die Natur zu ihrem einst von Menschen unbeeinflussten und ungestörten Ursprung zurück.

ursprünglichen Dynamik zurückfinden können. Das geht allerdings nicht von heute auf morgen, denn zu lange waren die Gebiete durch Menschenhand geprägt – in unserer Region zum Beispiel durch Holzkohlegewinnung –, derenthalben die Eifel noch zu Beginn des 19. Jahrhunderts weitgehend waldfrei war. Man geht davon aus, dass ein Zeitraum von 30 Jahren nach Gründung des Nationalparks erforderlich ist, um das angestrebte Ziel zu erreichen.

Der gesamte Nationalpark Eifel verfügt über ein Wegesystem von 240 Kilometern, Ausschilderungen garantieren eine gute Orientierung. An fünf sogenannten Nationalpark-Toren kann sich der Besucher vorab informieren und wissenswerte Fakten über den Nationalpark erfahren. Unterschiedliche Ausstellungen in jedem der Häuser vermitteln schwerpunktmäßiges Wissen zum Thema. Beim Besuch des Nationalparks ist es wichtig, dass sich jeder an die vorgegebenen Regeln hält. Wer sich nicht allein auf seine Erkundungswanderung begeben will, kann sich einem Ranger anschließen.

10 Internationaler Platz statt Propaganda
Vogelsang

Geschichte lässt sich nicht rückgängig machen oder im Nachhinein korrigieren. Manche Themen erschließen sich leichter, andere sind nur schwer zugänglich. Spannend und erfreulich ist es daher, dass sich ein so unrühmlicher Ort wie die sogenannte NS-Ordensburg Vogelsang zu einem Platz für Toleranz, Vielfalt und Wanderfreude entwickeln konnte.

Die monumentalen Gebäude mit dem weithin sichtbaren Turm auf dem Berg Erpenscheid bei Gemünd oberhalb des Urftsees nehmen eine Fläche von nahezu 100 Hektar ein. Wäre die Anlage mittelalterlichen Ursprungs, stünde ein anderes Vergangenheitsgefühl im Vordergrund. Hier handelt es sich aber um eines der größten Bauwerke der NS-Zeit, das Zentrum zum Aufbau des

elitären Führungskaders. Bereits 1933 entstand die Idee, Parteischulen für diese Zwecke zu errichten. Dem ersten Spatenstich am 16. März 1934 folgte die Grundsteinlegung am 22. September des gleichen Jahres. Auf der Großbaustelle in der Nordeifel errichteten 1.500 Arbeiter in knapp eineinhalb Jahren eine von insgesamt drei „Ordensburgen" (die anderen waren in Sonthofen im Allgäu und Krössinsee in Pommern). Am 24. April 1936 wurde Vogelsang offiziell dem Auftraggeber übergeben. Für den Schutz der Anlage waren Mannschaften von 16 Bunkern des unweit verlaufenden Westwalls verantwortlich.

Im Mai 1936 startete die Ausbildung auf Vogelsang mit einem einjährigen Lehrgang für das Stammpersonal aller drei „Ordensburgen". Dann folgten zwei Regellehrgänge. Allerdings konnten die vorgesehenen Ausbildungszeiten von dreieinhalb Jahren nicht mehr eingehalten werden, sodass keiner der „Junker" seinen vorgesehenen Abschluss erreichte. Der Ausbruch des Zweiten Weltkrieges beendete alle Vorhaben. Im September 1939 wurde die „Ordensburg"-Ausbildung in Vogelsang eingestellt, die gesamte Anlage der Wehrmacht übergeben. Im Frühjahr darauf war der Umbau für die Wehrmachtstruppen beendet.

Ab 1942 forderten verstärkte Bombenangriffe der Alliierten auf deutsche Großstädte die Evakuierung von Menschen. Viele Frauen und Kinder fanden daher – im Vergleich zu anderen Orten – sichere Unterkunft in Vogelsang. Anfang 1945 stand die „Ordensburg" beim Vormarsch der US-Truppen mitten in der Frontlinie, bedingt durch die Eifeltalsperren, die ein besonderes Hindernis bildeten und die unter Kontrolle gebracht werden sollten. So zerstörten gezielte Bombenangriffe einige Gebäude von Vogelsang. Im Februar 1945 übernahmen schließlich amerikanische Truppen die kampflos aufgegebene „NS-Ordensburg".

Nach Kriegsende erging es dem verlassenen Bauwerk wie den vielen mittelalterlichen Burgen. Es diente den Menschen aus der Umgebung als Steinbruch und zur Materialbeschaffung zum Wiederaufbau ihrer Häuser. Der Plan der britischen Verwaltung, alle Ruinenteile abzureißen, wurde aufgehoben. Zusätzlich wurden 42 Quadratkilometer Land beschlagnahmt und zu einem Truppenübungsplatz umfunktioniert. Von 1950 bis 2005 unterstand er den belgischen Streitkräften. Dann endete die militärische Nutzung.

Seit 2006 hat Vogelsang eine neue Bestimmung. Wo in den Ursprungsjahren einseitige, beeinflussende und propagandistische Lehren verbreitet wurden, ist ein Internationaler Platz (IP) für Toleranz, Vielfalt und friedliches Miteinander entstanden. Er ist Ausstellungs-, Kultur-, Bildungszentrum, zudem Wanderzentrum des Nationalparks Eifel. Eifelsteig und Wildnistrail verlaufen über das Gelände. Eine Dauerausstellung befasst sich als neutrale Dokumentation natürlich auch mit dem „Geist" der ehemaligen „NS-Ordensburgen".

‹ Mitten in der Nordeifel zeigt sich die ursprünglich für fragwürdige Zwecke erbaute sogenannte Ordensburg Vogelsang heute als Internationaler Platz (IP) für Toleranz und Verständigung.

11 Von der Wehranlage zum Naturraum
Der Westwall bei Aachen

Auch 75 Jahre nach dem Ende des Zweiten Weltkriegs sind die verheerenden Folgen des nationalsozialistischen Größenwahns noch in der Eifeler Landschaft sichtbar. Der Natur ist es zu verdanken, dass diesem dunklen Kapitel der Geschichte heute etwas Positives abgerungen werden kann.

Die Überreste des einstigen Westwalls, der ab 1936 geplanten und bis 1940 fertiggestellten Verteidigungslinie, die sich von Weil am Rhein bis zur niederländischen Grenze erstreckte, prägt die Eifel auf einer Strecke von rund

70 Kilometern. Die aus dem Boden ragenden Betonzähne sind heute ein Mahnmal für den Frieden und zum Glück weit entfernt von ihrer ursprünglich vorgesehenen Nutzung ein dringend benötigter Rückzugsort für gefährdete Pflanzen und seltener gewordenen Tierarten.

Ist vom Westwall die Rede, sind nicht nur die heute noch sichtbaren Betonzähne gemeint. Sie stellen nur einen Teil der sogenannten Siegfried-Linie dar. Es gab mehr als 18.000 Bunker, die durch ein Stollen- und Gängenetz verbunden waren. Dazwischen ergänzten die Drachenzähne, wie diese Höckerlinie auch genannt wurde, das strategisch eher fragwürdige, propagandistische Monstrum in der Natur. Die Aufgabe der Betonzähne war es, das Überqueren dieser Linie mittels Panzern möglichst zu verhindern. Die schweren Kettenfahrzeuge sollten sich festfahren und durch ihre Manövrierunfähigkeit für den weiteren Vormarsch unbrauchbar werden.

Beim Blick zurück wissen wir heute, dass es an dieser aufwendig erstellten Verteidigungslinie keine größeren Kampfhandlungen gab. Transportable Waffen wurden daher demontiert und an strategisch wichtigere Orte verlegt. Die Betonbauten rückten in puncto Wichtigkeit in den Hintergrund, wurden sich selbst überlassen. Es war nur eine Frage der Zeit, bis die Anlagen durch ausbleibende Nutzung und Wartung nahezu unbrauchbar wurden. Erst nach der Landung der Alliierten am 6. Juni 1944 bekam der Westwall wieder eine Bedeutung. Die Wiederaufnahme der Verteidigungsfähigkeit wurde befohlen und man versuchte, mit 20.000 Zwangsarbeitern, der Bevölkerung aus dem näheren Umkreis und mit den einfachsten technischen und handwerklichen Mitteln, dem Befehl gerecht zu werden.

Man kann sagen, dass sich die Natur zurückgeholt hat, was ihr einst genommen wurde. Fledermäuse nutzen zum Beispiel die dunklen Bunkerräume, Zauneidechsen nehmen die Spalten in den Betonwänden gerne an. Aber auch Dachse und Wildkatzen freuen sich über ihre neuen „Eigentumswohnungen".

Mahnend ragen noch heute die Drachenzähne des Westwalls aus Beton in der Nähe von Aachen aus dem Boden.

12 Das Loch im Westen
Geschäfte an der Kaffee-Front

Die Zeit nach dem Zweiten Weltkrieg war für die Menschen hart und entbehrungsreich. Viele versuchten durch unterschiedliche Aktivitäten ihre Lebenssituation zu verbessern. Im Aachener Raum bot sich da eine ganz besondere Gelegenheit, die allerdings nicht nur gefährlich, sondern auch illegal war.

Kaffee war nach dem Krieg in Deutschland Mangelware und unbezahlbar. Wesentlich günstiger war der Erwerb dieses Genussmittels in den Nachbarländern Belgien und Niederlande. Die Versuchung war nur einen Stacheldrahtzaun entfernt. So baute sich schnell ein Schmugglernetz auf, durch das Kaffee nicht nur für den Eigenbedarf und den der Menschen im Aachener Raum, sondern auch für die Versorgung im deutschen Hinterland beschafft wurde.

Die Tätigkeit des Schmuggelns – der Begriff stammt übrigens aus dem Germanischen und bedeutet so viel wie „in ein Loch kriechen" – war Steuerhinterziehung, also Vorenthalten von Geldern, die der deutsche Staat, vor allem zwischen 1945 und 1953, für den Wiederaufbau dringend benötigte. Alter und Geschlecht spielten beim Schmuggeln keine Rolle. Besonders schwer hatten es die Zöllner, wenn an manchen Stellen gleichzeitig Hunderte von Jugendlichen die Grenze durchbrachen, um das Schmuggelgut auf die andere Seite zu schaffen. Umfangreichste und aktivste „Schmugglernester" waren Mützenich bei Monschau, Roetgen und Nideggen-Schmidt. Nach Schätzungen sollen mindestens 1.000 Tonnen Kaffee auf illegale Weise durch das „Loch im Westen" nach Deutschland gelangt sein.

Meist begaben sich die Schmuggler in Gruppen auf ihren beschwerlichen, mindestens vier Stunden dauernden Fußmarsch. Der Rückweg war wegen des Gewichts der mitgeführten Waren mühevoller. Ein großes Verlustgeschäft bedeutete es, wenn Schmugglern nach Rückkehr über die Grenze aufgelauert wurde und sie ihrer Waren beraubt wurden. Anzeige konnten sie nicht erstatten, weil sie selbst aufgefallen wären.

Als der Bedarf an Kaffee in Deutschland stieg, waren die illegalen Lieferungen durch die Grenzgänger über die grüne Grenze nicht mehr ausreichend. Man griff auf entwendete Panzerfahrzeuge aus belgischen Kasernen, ausgesonderte Spähwagen aus ehemaligen amerikanischen Beständen und speziell mit Stahlplatten versehene Straßenkreuzer wie Buicks oder Cadillacs zurück. So konnten größere Mengen Schmuggelware schusssicher transportiert werden. Bei Verfolgungsfahrten streuten die Schmuggler häufig Krähenfüße, die die Reifen der Zöllnerfahrzeuge zerstörten und deren Einsatz beendeten. Zwei später eingesetzte, bis zu 180 km/h schnelle Porsche mit an den Vorderrädern hydraulisch absenkbaren Eisenbesen (sogenannte Besenporsche)

Den „Heiligen Mokka" gibt es nur einmal, und zwar in Nideggen-Schmidt.

sollten das Vorhaben der Verfolgten abwenden. Schwierig allerdings war die Fahrt über Feld- und Waldwege, weil die Verfolgerfahrzeuge mit dem Bodenblech aufsetzen.

Indirekt war sogar die Kirche am Schmuggel beteiligt, zumindest in Schmidt. Der damalige Pfarrer Josef Bayer wusste von dem Nebenerwerb vieler seiner Gemeindemitglieder. Denn längst sprach man nicht mehr hinter vorgehaltener Hand darüber. Was sollte der Pfarrer machen? Sich in Dinge einmischen, zu denen er nicht berufen war? Zudem hätte ohnehin niemand auf ihn gehört. Im Bestreben, seine fast vollständig zerstörte Kirche wiederaufzubauen, hatte er eine Idee. Immer wieder missbilligte er von der Kanzel herab das illegale Verhalten. Gleichzeitig erinnerte er an das fehlende Geld zur Wiederherstellung der Kirche. Man hatte verstanden. Bei jedem Gottesdienst füllte sich nun der Klingelbeutel, es entstand nach und nach eine neue Kirche. Noch heute trägt sie in Erinnerung an die Geldbeschaffung zum Wiederaufbau den Namen „Sankt Mokka".

13 Naherholungsgebiet und Wasserspeicher
Die Urfttalsperre

Zahlreiche beeindruckende Talsperren prägen die Landschaft der Nordeifel. Zum Hochwasserschutz, zur Wasserversorgung der Industrie, zur Energieerzeugung und als Trinkwasserspeicher gebaut, stellen sie heute zudem einen wichtigen Lebensraum für Tiere und Pflanzen sowie beliebte Naherholungsgebiete dar. Mit einem Fassungsvermögen von 45,5 Millionen Kubikmetern ist die Urfttalsperre die größte unter ihnen.

Die zwischen 1900 und 1905 errichtete Urfttalsperre galt nach ihrer Fertigstellung als größte Talsperre Europas und verfügt über beeindruckende Ausmaße: Den zwölf Kilometer langen Stausee bedeckt eine zwei Quadratkilometer große Wasseroberfläche. Die Staumauer mit einer Kronenlänge von 226 Metern und einer Kronenbreite von 6 Metern erhebt sich 55 Meter über der Talsohle und verspricht den Besuchern beeindruckende Ausblicke über den See. Während andere Stauseen auch als Badeseen und für den Wassersport genutzt werden dürfen, ist Schwimmen im Urftsee und dessen Befahren aufgrund seiner Lage im Nationalpark Eifel nicht erlaubt. Am Nordufer gibt es jedoch den Urftseerandweg, auf dem man die einmalige Natur, die die Talsperre umgibt, erleben kann. Direkt unterhalb der Urfttalsperre liegt der Obersee, das Hauptvorbecken des Rurstausees der Rurtalsperre Schwammenauel. Diese einzigartige Wasserlandschaft lockt mit ihren vielfältigen Freizeitangeboten auf, in und neben dem Wasser zahlreiche Erholungssuchende an.

Gebaut wurde die Talsperre jedoch aus einem ganz anderen Grund, und zwar sollte damit der stark schwankende Wasserpegel der Rur ausgeglichen werden. Denn die extremen Schwankungen zwischen Hoch- und Niedrigwasser führten zu Ausfällen bei Mühlen und Industriebetrieben. Der Bau bewirkte nicht nur einen gleichbleibenden Wasserpegel, sondern die Talsperre schützt auch vor Hochwasser. Außerdem wird das Wasser des Urftstausees mittels des Kraftwerks Heimbach zur Stromerzeugung genutzt. Das dafür erforderliche Wasser fließt durch einen 2,7 Kilometer langen Stollen durch den Höhenrücken des Kermeters.

Die besondere topografische und aus der Luft schwer zu beherrschende Lage sowie die Robustheit der Staumauer haben dazu beigetragen, dass im letzten Krieg eine feindliche Bombardierung nur zu geringen Schäden geführt hat und eine verheerende Flutkatastrophe ausgeblieben ist.

Blick über die Urfttalsperre.

14 Päpstliches Machtwort
Diebstahl einer Reliquie

Reliquien gehören zu Liturgie und Glauben, nicht nur im christlichen Abendland. Sie werden als besonderer Schatz betrachtet und von den Gläubigen am Namenstag des oder der Heiligen verehrt. Manchmal braucht es abenteuerliche Umwege, bis die Reliquie ihre endgültige Ruhestätte erreicht.

Die Kreisstadt Düren, an der nördlichsten Grenze der Eifel gelegen, bewahrt eine Besonderheit in ihrer Hauptkirche auf. Es ist die Reliquie der Heiligen Anna, der Großmutter Jesu. Besondere Verehrung wurde ihr ab dem 13. Jahrhundert zuteil, die mit der zunehmenden Marienverehrung im 15. und 16. Jahrhundert einen Gipfelpunkt erreichte. Die Heilige Anna galt lange Zeit als Lieblingsheilige Martin Luthers und Kaiser Maximilians. Aber es gab viel Hin und Her, bis die Reliquie der Heiligen Anna ihren endgültigen Platz fand. Dazu erfolgte letztlich von höchster kirchlicher Instanz ein Machtwort, das über ihren Verbleib entschied. Die Reliquie war bereits im Jahr 1212 von Bethlehem nach Mainz gebracht worden und fand dort in der St.-Stephan-Kirche ihren letzten Ruheplatz. Doch Ende 1500 geschah etwas, womit niemand gerechnet hatte. Sie wurde von einem Steinmetz aus Kornelimünster bei Aachen gestohlen und in seinen Heimatort mitgenommen. Einen Tag nach Weihnachten machte sich ein Kartäuserbruder aus Mainz zusammen mit einer Begleitperson dorthin auf. Auf den dreisten Diebstahl angesprochen, erklärte der Abt des Klosters, dass die Reliquie nicht mehr bei ihm zu finden sei. Weil er nichts mit dem Diebstahl zu tun haben wollte, habe er sie selbst nach Düren zu Franziskanermönchen gebracht. Diese sollten dafür sorgen, dass sie wieder an ihren angestammten Platz nach Mainz gebracht werde. Da die Entfernung von Kornelimünster nach Düren nicht so groß war, begaben sich die beiden Mainzer Abgesandten sofort nach Düren. Um sicherzugehen, dass die Reliquie tatsächlich wieder nach Mainz zurückkehrte, wollten sie diese selbst in Empfang nehmen. Allerdings kamen sie zu spät. Der Stadtrat von Düren hatte auf Anordnung des Herzogs von Jülich die Gebeine an sich genommen und sichergestellt. Da die Mainzer des Diebesgutes nicht habhaft werden konnten, erreichten sie Tage später unverrichteter Dinge und enttäuscht Mainz. Aber die Angelegenheit war für sie noch nicht abgeschlossen. Sie wandten sich an die Erzbischöfe von Mainz und Köln und erhofften dadurch eine Klärung in diesem Fall. Es entbrannte ein langer Rechtsstreit um die Herausgabe der Reliquie, der allerdings erfolglos abgeschlossen wurde. Weitere Bemühungen waren schließlich von Erfolg gekrönt. Papst Julius II. hatte nämlich von den Streitigkeiten erfahren und wollte diesen kraft seines Amtes ein Ende setzen. Mit päpstlichem Erlass entschied er, dass die

Das gotische Portal der im Krieg zerstörten Annakirche in Düren ist geblieben, während das Gotteshaus selbst in moderner Form wieder aufgebaut wurde.

Reliquie der Heiligen Anna für immer in Düren bleiben sollte. So hatte ein anfänglich ungesetzliches Handeln nach langem Rechtsstreit zu einem Erfolg für die Dürener geführt. Das Haupt der Heiligen Anna fand 1501 Platz in einem prachtvollen Schrein in der St.-Martin-Kirche, die allerdings noch im gleichen Jahr in Annakirche umgeweiht wurde. Das spätgotische Gotteshaus wurde im Zweiten Weltkrieg Opfer eines Bombenangriffs und zerstört. Die Reliquie blieb unversehrt. Der Wiederaufbau der Kirche erfolgte 1956.

Jedes Jahr am 26. Juli, dem 1584 von Papst Gregor XIII. festgelegten Annentag, wird der Tag dieser Heiligen mit einem der größten Volksfeste Deutschlands, der Annakirmes, ganz groß begangen.

15 Überleben um jeden Preis
Heimarbeit im Grenzgebiet

Not macht ja bekanntlich erfinderisch. Die Bevölkerung im Aachener Raum und der Nordeifel entwickelte Ideen, mit selbst hergestellten Mangelwaren in karger Zeit einen „Fuß in die Tür" für eine bessere Zukunft zu bekommen. Nicht nur das Schmuggeln erwies sich nach dem Krieg in der Nordeifel als lukrative Einnahmequelle. Da gab es noch anderes, das Gewinn versprach.

War es denn der Krieg, der alle so weit gebracht hatte? Folgendes beruht auf Aussagen von Zeitzeugen, die nirgendwo anders niedergeschrieben sind.

Wer nicht schmuggelte, machte Heimarbeit, aber nicht mit Schnitzen oder Topflappenhäkeln. Der Markt forderte spezielle Produkte. Ein Zauberwort war Alkohol. Es dauerte in zahlreichen Häusern nicht lange, bis alles vorbereitet war, um Hochprozentiges herzustellen. Diverse Haushaltsgeräte wurden zu Destillen umgerüstet, ohne jeglichen Sicherheitsstandard. Hauptsache, am Ende der Leitung tropfte Alkohol heraus. Aber nicht nur die Unfallgefahr war sehr groß. Wie eine der letzten Zeitzeugen und ehemalige „Brennerin" mir versicherte, hatten die Zöllner „die Nase da drin". „Und die hatten recht feinfühlige Nasen", ergänzte sie. Wurde irgendwo illegal gebrannt, war es der eindeutige Duft, der die Stätte der gesetzwidrigen Betätigung verriet. Deshalb stand im Flur jeder illegalen Produktionsstätte eine Kanne Petroleum. Steuerten die Zöllner schnellen Schrittes auf das Haus zu, wurde kurzerhand Petroleum im Hausflur verschüttet. Nicht nur überdeckte diese stark riechende Flüssigkeit alle anderen Duftnoten, sie verhinderte auch das Passieren des Raumes. Da die Zöllner den Alkohol nun nicht mehr riechen konnten, durften sie keine „Schwarzbrennursachenforschung" mehr betreiben.

Kinderwagen mit doppeltem Boden für den Weitertransport von Schmuggelware, hier Kaffee.

Eine besondere Transportart für Alkohol, aber auch für Kaffee, wandten die Frauen an, wenn sie mit dem Omnibus ihre Waren nach Aachen brachten. Auf der untersten Ebene von Weidenkörben deponierten sie ihre „geheimen" Produkte. Darüber legten sie behutsam mehrere Lagen frischer Landeier. Wenn ein Überlandbus von Zöllnern kontrolliert wurde, war diesen bewusst, dass die Frauen keinen Ausflug machten, sondern ihrem gezielten

Der Schmuggel hat im Aachener Raum das Leben der Menschen so geprägt, dass diesen Mutigen ein Denkmal in Mützenich gewidmet wurde.

Nebenverdienst nachgingen. Die Eier im Korb waren den Zöllnern egal, die stets darunter vermuteten Produkte waren interessant. Dafür mussten die Körbe geleert werden, um an die Beweisstücke zu gelangen. Wenn die Frauen bereitwillig mit dem Entleeren der Körbe begannen, baten sie die Zöllner, etwas behilflich zu sein. Sie reichten ihnen in schneller Folge die Eier, diese so lange festzuhalten, um Schaden zu vermeiden. Schließlich waren die Hände und Arme der Zöllner mit der zerbrechlichen Ware so bedeckt, dass sie nicht mehr in der Lage waren, die weitere Kontrolle der Körbe durchzuführen. Sie stimmten bereitwillig zu, dass die Frauen sie von der zerbrechlichen Ware befreiten. Es soll mehrmals vorgekommen sein, dass sich die Zöllner unverrichteter Dinge zurückzogen. Auch der Kinderwagen mit Kind und doppeltem Boden soll gute Dienste geleistet haben, denn da wurden die Zöllner ungern tätig.

Mut, Zielstrebigkeit und der Zusammenhalt der damaligen Bevölkerung in dieser Region waren wohl einzigartig. Dies ist noch heute zu spüren, wenn die allerletzten Zeitzeugen stolz über ihre Taten berichten. Diese ermöglichten irgendwie ein Überleben und einen beschleunigten Wiederaufbau.

16 Da ging ein Licht auf
Der erste elektrische Strom in der Eifel

Es war ein großer Fortschritt, als die Menschen einst lernten, mit dem Feuer umzugehen. Viel, viel später war es dann der elektrische Strom, der ihnen einen Riesenschritt nach vorne bescherte, so auch in der Eifel. Die Landschaft verfügte über die besten Voraussetzungen, diese Errungenschaft auszubauen.

Die Eifel stand lange hinten an, wenn es um Verbesserungen und Erleichterungen im täglichen Leben ging. Der Wechsel zwischen Tag und Nacht, zwischen Helligkeit und Dunkelheit beherrschte das tägliche Leben. Während im Sommer länger gearbeitet werden konnte, weil es länger hell war, gestaltete sich das im Winter ganz anders. Mit Einbruch der Dunkelheit waren weiterführende Arbeiten in Haus und Hof nur eingeschränkt möglich. Petroleumlampen, Herd- und Kaminfeuer spendeten in den Wohnstuben, in denen sich die ganze Familie mit dem Gesinde versammelte, nur unzureichendes Licht. In den Ställen, im Innenhof und in den Schlafräumen war es dunkel. Feinarbeiten, die wirklich nur bei heller Beleuchtung ausgeführt werden konnten, waren während dieser Zeiten nicht möglich. Zudem reichte oft das Geld nicht, Petroleum im Dorfladen zu erwerben, weil es sehr teuer war. Außerdem bestand stets die Gefahr, dass durch Unachtsamkeit ein Brand ausbrach, was immer wieder mal vorkam. Auch der Eigengeruch des Öls war nicht angenehm, es stank im ganzen Haus und verbrauchte durch Verbrennung Atemluft. War etwas Licht im Stall erforderlich, wenn zum Beispiel eine Kuh kurz vor dem Kalben stand, nutzte man sogenannte Stall-Leuchter, die mit einem vergitterten Docht versehen waren, um die Brandgefahr einzudämmen.

Doch am Ende des 19. Jahrhunderts sollte der elektrische Strom Einzug halten, gerade in der Eifel, einer strukturschwachen und abgelegenen Region, die so lange stiefmütterlich behandelt worden war, einer von Kriegen, Hungersnöten und Krankheiten heimgesuchten Landschaft ganz im äußersten Westen des Landes. Ausgerechnet hier sollte diese alles verändernde technische Neuerung zuerst Fuß fassen. Es waren die zahlreichen Bäche und Seen, die die besten Voraussetzungen boten, sich der neuen Technik durch natürlich wirkende Kräfte zu öffnen, sie zu nutzen. Die zahlreichen an Wasserläufen angesiedelten Wassermühlen, die seit Jahrhunderten mit natürlicher Kraft den Menschen das Getreide mahlten, Feldfrucht schroteten oder Baumstämme bearbeiteten, konnten diese Energie ebenfalls als Antrieb nutzen, um Strom zu erzeugen. Tüftler und Erfinder kamen zum Zug, experimentierten mit einfachsten Mitteln. Oberstes Augenmerk lag natürlich auf der Beleuchtung. Mit fortschreitender Entwicklung wurden dann auch Maschinen elektrisch betrieben.

Nicht nur zweckmäßig, sondern auch im Stil der Zeit (Jugendstil) wurde das Wasserkraftwerk in Heimbach einst errichtet.

Die Abhängigkeit der Menschen von den natürlichen Lichtquellen gehörte der Vergangenheit an. Die Arbeitsabläufe änderten und verbesserten sich. Mit dem Beginn des 20. Jahrhunderts und dem damit einhergehenden Fortschritt in Form der Elektrizität war in der Eifel eine andere, neue Zeit angebrochen, auf die die Menschen dort lange gewartet hatten. Für die Eifel und ihre Bewohner war es ein großer Gewinn, der allerdings anfänglich nicht ohne Opfer blieb. Wegen zunächst nicht isolierter Kupferrohre und der Unkenntnis im Umgang kam es zu schweren Unfällen mit der noch unbekannten Energieform. Auch die Verlässlichkeit der neuen Energiequelle war eingeschränkt. Der Strom floss nicht immer kontinuierlich, weil es sich um Gleichstrom mit geringer Reichweite in den Leitungen handelte. Erst später kam Wechselstrom zum Einsatz. Als dann im Jahr 1905 das Kraftwerk in Heimbach in großem Maße die Stromproduktion aufnahm, gespeist durch die Kraft des Wassers der Urfttalsperre, konnte der elektrische Strom flächendeckend zur Verfügung gestellt werden, wozu das Unternehmen RWE maßgeblich beitrug.

17 Schwere Arbeit – kurzes Leben
Der Bergbau in der Eifel

Bereits vor über 2.000 Jahren wurden in der rohstoffreichen Eifel Erze geschürft. Kelten und Römer waren daran beteiligt, metallhaltiges Gestein ans Tageslicht zu bringen. Es waren körperlich schwere Arbeiten, die den Menschen viel Kraft abverlangten.

Mit Bodenrohstoffen war die Eifel schon immer reich gesegnet. Vor allem stand in den weitläufigen Wäldern ausreichend Holz zur Verfügung, um die metallischen Bestandteile mit der eigens dafür hergestellten Holzkohle aus dem Muttergestein herauszuschmelzen. Den Schmiede- und Hammerwerken stand die vielfältige Wasserkraft zur Verfügung.

Blicken wir nur zu einem der zahlreichen Bergwerke in der Eifel, nach Bleialf. Der Name des Ortes sagt schon, welche Art von Erz hier abgebaut wurde. In einer Urkunde aus dem 11. Jahrhundert ist dort bereits die Bleierzgewinnung vermerkt. Allerdings erfolgte sie nur in den Schichten und Bereichen, in denen der Rohstoff nahe der Erdoberfläche zutage trat und gefahrlos abgebaut werden konnte. Man wusste zwar, dass tiefer im Erdreich ergiebigere Vorkommen vorhanden waren, doch die Technik des Abstützens der Decken und Wände war noch nicht so ausgereift, dass man hätte gefahrlos dorthin vordringen können. Darüber hinaus fehlte die Erfahrung, wie man das ständig von allen Seiten nachdrückende Wasser, das die tiefer liegenden Arbeitsbereiche füllte und unzugänglich machte, hätte ableiten können. Erst als es im 16. und 17. Jahrhundert gelang, das Wasser mit verbesserten technischen Möglichkeiten aus den Stollen abzupumpen, begann eine ertragreichere Ausbeute unter Tage, die für mehr als 400 Arbeiter aus dem Ort und der Umgebung eine Beschäftigung bot.

Heute kann man sich kaum vorstellen, unter welchen durchaus unmenschlichen und gefährlichen Bedingungen damals in den Bergwerken gearbeitet wurde. Meistens auf Knien, geduckt und auf kleinstem Raum mussten die Arbeiter das Gestein von Decken und Wänden lösen, immer die Gefahr des Einsturzes vor Augen, trotz der nach und nach verbesserten Abstütztechnik. Allen war bewusst, dass die Familie versorgt werden musste und der Vater der Einzige war, der mit seiner Kraft und seinem Mut dazu in der Lage war. Da es keine Gesundheitsvorsorge gab, ahnten die Menschen nicht, dass das ständige Einatmen der beim Abbau entstehenden Staubmengen die Lungen und das Blut unaufhaltsam belastete. In Kombination mit der Schwerstarbeit lag die Lebenserwartung der Arbeiter bei 40 bis 45 Jahren.

Nicht nur Raubbau an der Gesundheit der Menschen, sondern auch an Landschaft und Natur wurde betrieben. Große Mengen Holzkohle mussten produziert werden, was wiederum zur Folge hatte, dass die Wälder gnadenlos abgeholzt wurden und sich großflächig ein erbärmliches landschaftliches Bild darbot.

Lore, Hammer und Schlägel sowie der Eingang zu einem Stollen symbolisieren in Kirchsahr im Sahrbachtal den einstigen Bergbau in der Eifel.

Im Jahr 1820 beklagte der preußische Regierungsbeamte von Schwerz einmal: „Man sollte sehen und weinen, weil die Berge von allen Seiten ihre nackten Schädel, welche kein Gesträuch deckt, erheben!“

Der endgültige Niedergang der Metallerzverhüttung in der Eifel setzte 1850 ein. Mangels Holznachschub wurde auch die Holzkohle knapp und somit immer teurer.

Der Steinkohlekoks aus dem Ruhrgebiet, der effektiver und billiger war, eignete sich nicht für die Hüttenwerke in der Eifel. Zudem wurde auf billigere Importerze zurückgegriffen. Die Arbeiter wurden nicht mehr gebraucht. Jedoch nutzten viele die Gunst der Stunde und verließen die Eifel, zogen an die Ruhr, wo sie wieder Arbeit fanden, um ihre Familien zu versorgen. Frauen und Kinder blieben zurück. Die Eifeldichterin Clara Viebig nahm diese Situation zum Anlass, am Beispiel des Ortes Eisenschmitt den Roman „Das Weiberdorf“ zu schreiben.

18 … übers Moor zu geh'n
Das Hohe Venn

So mancher Dichter hat sich, von der Umgebung inspiriert, des schaurig-schönen Themas „Moor" angenommen und seiner Fantasie freien Lauf gelassen. Und es wurde in keiner Weise übertrieben. Das Venn ist und bleibt, wie es ist: schaurig-schön – geheimnisvoll.

Wer hat nicht schon einmal Geschichten gehört, in denen Menschen durch Lichter auf einen falschen Weg gelockt und nie wieder gesehen wurden? Typisch für Moorgebiete, wenn sich Fäulnisgase entzünden – und das Moor „sein Opfer holt". Das waren Schauergeschichten mit authentischem Hintergrund, durch die offenbar früher beispielhaft zur Vorsicht ermahnt werden sollte.

Vielleicht sind es gerade diese Gedanken und der Reiz des Unbekannten und Mystischen, warum sich jedes Jahr zahlreiche Menschen in das Hohe Venn begeben. Sie wollen selbst einmal vor Ort alles in Augenschein nehmen und prüfen, ob es sich wirklich so verhält. Die Mehrzahl aber wird hierherkommen, um Flora und Fauna zu bestaunen.

Das Hohe Venn ist ein Hochmoor. Es wurde bereits im Jahr 1957 unter

Knüppelwege erlauben das gefahrlose Betreten und Durchqueren der freigegebenen Bereiche des Hohen Venns.

Schutz gestellt und liegt zwischen Eupen–Monschau–Malmedy und Spa. Es zählt zum 600 Quadratkilometer großen deutsch-belgischen Naturpark Hohes Venn-Eifel. 133 Quadratkilometer davon befinden sich auf deutschem Boden. Die restliche Fläche ist belgisch, wobei dort rund 54 Quadratkilometer in staatlichem Besitz als domaniale Naturschutzgebiete des Hohen Venns unter Naturschutz stehen. Die fast unberührte Hochmoorlandschaft gilt als einzigartig in Europa. Die Entwicklung und der Aufbau dieser Hochfläche begannen nach der letzten Eiszeit vor ca. 7.500 Jahren. Die beste Grundlage und Voraussetzung waren hier die 500 Millionen Jahre alten und wasserundurchlässigen Tonschieferschichten, die das Ablaufen von Wasser in großen Mengen verhinderten. Darauf baute sich nach und nach das Moor mit seinen Bestandteilen auf. Bedauerlicherweise hat auch hier der Mensch wieder eingegriffen und durch Torfabbau, Trockenlegungen und Anpflanzungen von überwiegend Fichten nicht nur den Fortlauf der Natur gestört, sondern auch zwei Drittel der Landschaft zerstört. Daher ist es unbedingt erforderlich, durch gezielten Schutz eine weitere Reduzierung der Landschaft zu unterbinden.

Das Venn wirkt wie ein riesiger Schwamm, der das Wasser speichert, aber auch dosiert abgibt und damit als „Nahrungsspender" für die Bäche Rur, Olef, Warche oder Schwalm dient, die später durch weitere Zuflüsse zu größeren Flüssen wachsen. Um die Unberührtheit dieser Naturattraktion zu bewahren, darf nicht das gesamte Gebiet betreten werden. Bestimmte Schutzzonen weisen strenge, unbedingt einzuhaltende Regeln aus. Zone A ist frei zugänglich, während in Zone B die markierten Wege einzuhalten sind. Zone C darf nur in Begleitung von anerkannten Naturführern betreten werden. Bleibt noch die vollkommen gesperrte Zone D, in der mit roten, dreieckigen Fahnen auf Gefahren und Sperrungen hingewiesen wird.

Auffällig sind die zahlreichen Gedenkkreuze aus Holz oder Stein. Unterschiedliche Ereignisse gaben Anlass, diese zu errichten. Zum Beispiel boten sich die Einsamkeit des Moores und das Fehlen von Zeugen an, sich unliebsamer Zeitgenossen zu entledigen. Dann wurde ein sogenanntes Mordkreuz aufgestellt. Die meisten anderen christlichen Symbole und Inschriften erinnern an Menschen, die durch Unglücksfälle zu Tode gekommen sind, sehr häufig durch Blitzschläge auf dem feuchten Untergrund des Venns, das wenig Schutz vor derartigen Naturereignissen bot. Dennoch ist das Hohe Venn immer noch ein einmaliger, sehr alter Naturraum, für dessen Schutz und Erhalt alles getan wird.

19 Schutz in unruhigen Zeiten
Die Höhle des Riesen Kakus

Höhlen waren für Menschen schon zu Urzeiten bedeutsam. Sie zogen ein, hatten ein Nachtlager und Schutz vor Feinden, von denen immer zu viele unterwegs waren. Bei Dreimühlen gibt es die Kakus-Höhle, in der nach der Sage sogar ein gleichnamiger Riese gewohnt haben soll.

Travertin und Kalktuff sind die Bestandsteile einer versteckt liegenden Felsformation in einem Buchenwald beim Mechernicher Ortsteil Dreimühlen. Es handelt sich um die größte offene, jederzeit begehbare Höhle der Eifel. Wer die Hinweisschilder bei der Anfahrt nicht beachtet, läuft Gefahr, den bis zu 18 Meter hohen Felsen mit dem 150 Meter langen Plateau zu übersehen.

Wie von einem Riesen wahllos in den Wald geworfen, so sieht das von der Natur geformte Gebilde aus, das jährlich zahllose Besucher anzieht. Das Alter des Felsens liegt vermutlich bei 300.000 Jahren. Umgeben ist er von einem 5,8 Hektar großen Naturschutzgebiet, das schon 1932 ausgewiesen wurde.

Mächtig erheben sich die von Wasser, Wind und Wetter geprägten Gesteinsmassen. Kräftiger Baumbestand auf dem Plateau umrahmt die jahrhundertelange Arbeit der Natur. Der Eingang ins Innere wirkt klein und gedrungen im Vergleich zu dem mächtigen äußeren Aufbau. Dahinter eröffnet sich eine weite und großzügig wirkende „Eingangshalle", die auch „große Kirche" genannt wird. Das „Gewölbe" erstreckt sich mit einer Höhe von 15 Metern und einer Breite von bis zu 30 Metern. An mehreren Stellen werden kleinere Nebenräume sichtbar. Hier im Innern ist nichts, was man von anderen dunklen, unübersichtlichen Höhlen kennt. Das an mehreren Stellen durch Öffnungen eindringende Licht lässt diese Kaverne sogar in einer gewissen Freundlichkeit erscheinen. Die Wasserkraft des Weyerbaches formte im Laufe der Zeit diese großzügigen Hohlräume. Die Kakus-Höhle wird als überregional bedeutendes geologisches und archäologisches Denkmal eingestuft.

Höhlen sind bei Archäologen stets willkommene Objekte. Wie ein Bilderbuch lassen sie sich öffnen und präsentieren auf kleiner Fläche Lebensverhältnisse, Gewohnheiten und Gebrauchsgegenstände, Waffen und Entwicklungsprofile der früher ansässigen Menschen. Dieses „Buch" ist hier mehr als vielfältig. So lebten in und um die Kakus-Höhle Neandertaler und Ahrensburger Rentierjäger. Zudem ist nachgewiesen, dass die ersten sesshaft gewordenen Menschen der Jungsteinzeit hier heimisch wurden. Aber auch Kelten, Römer und Menschen des Mittelalters nutzten die natürlichen Gegebenheiten und suchten Schutz. Sowohl als Wohnunterkunft als auch als Fliehburg diente der Kakus-Felsen. Da das sich oben ausbreitende Plateau von drei Seiten durch die natürliche, steil aufsteigende Geländeform nicht erreicht werden konnte, musste es nur noch auf der westlichen Seite mit einem Abschnittswall geschützt und verteidigt werden.

Insgesamt wurden bei Grabungen und Forschungen sieben unterschiedliche Kulturen nachgewiesen. Allein drei verschiedene Menschenarten waren hier heimisch, angefangen beim Homo erectus, über den Neandertaler bis zum heutigen Homo sapiens. Allein über die erhaltenen Knochen konnten die Wissenschaftler herausfinden, dass damals in der Eifel unter anderem Höhlenbären, Mammuts, Wollnashörner und Rentiere lebten und den Menschen als Nahrung dienten.

Bevor sich die Römer im 4. Jahrhundert wieder zurückzogen und die Eifel verließen, fanden auch sie hier Schutz vor den in das römische Reich vordringenden Franken. Vor Ort ausgegrabene römische Münzen treten hierfür den Beweis an. Die meisten in der Kakus-Höhle gesicherten Funde haben einen Platz im Römisch-Germanischen-Museum in Köln gefunden.

‹ Die Kakus-Höhle wird seit ewigen Zeiten als Unterschlupf genutzt.

20 Nimm Hermann-Josef einen Apfel mit!
Eifelkloster Steinfeld auf der Höhe

Die Eifel hat eine ganze Reihe von Klöstern, in denen Heilige verehrt werden. Bei einem Besuch zündet man üblicherweise eine der bereitgestellten Kerzen an. Im Kloster Steinfeld ist das auch möglich. Dort steht aber eine andere Besonderheit der Opfergabe im Vordergrund.

Das Kloster Steinfeld, auch „Eifelkloster“ genannt, wurde Mitte des 11. Jahrhunderts auf einer Anhöhe südlich der heutigen Gemeinde Kall gegründet. 100 Jahre danach war es eines der bedeutendsten Häuser des Prämonstratenser-Ordens, der von Norbert von Xanten gegründet worden war. Ähnlich

wie die meisten anderen Klöster hat auch Steinfeld eine abwechslungsreiche Geschichte. Es avancierte zu einem angesehenen kirchlichen Zentrum in der Nordeifel, bis ab 1802 die Säkularisierung durch die Franzosen dieser Entwicklung erst einmal ein Ende setzte. Neues klösterliches Leben gab es erst wieder ab 1923, nachdem das ganze Anwesen zwischenzeitlich weltlichen Zwecken zur Verfügung gestanden hatte. Es waren die Salvatorianer, die in Steinfeld neue Aufgaben fanden.

Das architektonische Gesamtbild dieser Anlage ist eine Mischung aus romanischer Architektur mit spätgotischer, verspielter Malerei sowie barocker Innenausstattung der Basilika mit kunstvollen Malereien der Renaissance. Die Mannigfaltigkeit der verwendeten Baustile stört keinesfalls. Alle ergänzen sich gegenseitig zu einem Ensemble ganz besonderer Art.

Zudem ist das Kloster Steinfeld zu einem Wallfahrtsort geworden. Außerhalb der Klostermauern stehen nur wenige andere Gebäude. Der heilige Hermann-Josef, der von 1150 bis 1240 lebte, hat hier seine letzte Ruhestätte gefunden. Bereits im Alter von zwölf Jahren fand er seinen Weg in das Kloster. Nach dem Abschluss seiner Studien wirkte er hier viele Jahre als Prämonstratenser-Mönch. Die Besonderheit seiner letzten Ruhestätte besteht darin, dass man sie nicht in einer unter der Kirche befindlichen Krypta suchen muss. Aus Urfter Marmor gefertigt, stellt das Grabmal eine außerordentliche Renaissancearbeit dar, die im Mittelgang der Basilika ihren Platz gefunden hat. Die Gestalt des Heiligen ist aus Alabaster gefertigt und ruht auf der Tumba. Nicht nur die beiden unterschiedlichen Steinmaterialien stellen einen reizvollen Kontrast dar, sondern auch die zahlreichen rund um den Heiligen abgelegten rot- und gelbwangigen frischen Äpfel. Mancher Besucher, dem vielleicht vorher nicht bekannt war, dass hier seit Jahrhunderten dieser Brauch gepflegt wird, nimmt sie in die Hand, um zu prüfen, ob es sich wirklich um frische Opfergaben handelt. Es heißt in einer Legende, dass Hermann als Kind in Köln einmal einer Statue von Maria mit dem Jesuskind einen Apfel gereicht haben soll. Diesen soll die Gottesmutter entgegengenommen haben. Hermann erhielt daraufhin den zweiten Namen Josef. Daher findet sich in der Kölner Kirche „Maria im Kapitol“ die gleiche Verehrung.

Den Rang einer päpstlichen „basilica minor“ erhielt die Kirche im Jahr 1960. Es handelt sich dabei um einen besonderen Ehrentitel, den der Papst Kirchen verleihen kann, um ihre Bedeutung für das Umland hervorheben. Weltweit wurde dieser Titel bislang 1.766 Mal vergeben, überwiegend an bedeutende Wallfahrtskirchen. Diese haben das Recht, Gebäude und Fahnen mit dem gekreuzten Schlüssel des Papstwappens zu schmücken. Nicht unerwähnt bleiben darf die König-Orgel, deren Ursprung auf das Jahr 1600 zurückgeht. Die Akustik im Innern der Kirche lockt viele Gäste zu Konzerten.

‹ Zahlreiche Besucher legen der Legende und einer Tradition folgend frische Äpfel am Grab des heiligen Hermann-Josef im Kloster Steinfeld nieder.

21 Weise Frauen und Weihesteine
Die Nettersheimer Matronen

Der Glaube an ein „höheres Wesen", um einen neutralen Ausdruck zu nutzen, ist bei den meisten Völkern zu finden. Bekehrungen Andersgläubiger konnten unsanft ausfallen. Die Römer in Germanien hielten es da ganz anders: Toleranz und Integration standen im Vordergrund.

Als die Römer in das heutige Gebiet der Eifel vordrangen, brachten sie auch ihre Sitten und Gebräuche mit. Vornan standen die Götter und die Grundsätze der Religiosität. Die Germanen waren zwar die Unterworfenen, was aber nicht bedeutete, dass sie sich auch in allen Belangen unterjochen lassen mussten. Gegenüber den regionalen Göttern und religiösen Bräuchen zeigten sich die Römer sehr tolerant. Sie verfügten über Fingerspitzengefühl und bewiesen eine kluge Einstellung und Vorgehensweise bei diesem sehr sensiblen Thema. In der „Interpretatio romana", der sogenannten römischen Deutung, standen römische und einheimische Götter nebeneinander. Die Unterjochten erkannten die Möglichkeit eines friedlichen Miteinanders. Betrachtet man die frühen Berichte Caesars in seinem „De bello Gallico", wird deutlich, dass zwischen den keltischen und römischen Götterverehrungen kaum Unterschiede bestanden. Im Vergleich der verschiedenen Gottheiten erkannte er sogar Gemeinsamkeiten, die er seinen Gefolgsleuten vor Augen hielt und dadurch Ruhe und Verständnis gegenüber den Menschen im besetzten Land vermittelte. Im Laufe der Zeit vermischten sich die neuen mit den bereits vorhandenen Glaubensformen und wurden eins. Besonders verehrten die Römer die Muttergottheiten, sie vertrauten ihnen und waren sich ihres Schutzes sicher. Matronen (matronae) wurden sie genannt, „ehrwürdige und weise Frauen". Überwiegend wurden sie in der Dreizahl dargestellt und bildeten somit die Schar der „Dreimütter" oder auch „Trinität". Dabei erschien in Weihesteinen die in der Mitte dargestellte Person stets als jüngere, zierliche Frau mit offenen, schulterlangen Haaren. Die beiden Frauen daneben ergänzten die Gruppe als ältere weibliche Personen mit Kopfbedeckungen. Auf ihrem Schoß hielten alle Blumen, Ähren oder Obstkörbe. Eine kleine Schale mit Weihrauch vollendete ihr friedvolles Erscheinungsbild.

Der römische Matronenkult lässt sich anhand aufgefundener und ausgegrabener Weihesteine, Altäre mit figürlichen Darstellungen und sogar ganzer Tempelbezirke nachweisen. Ein solcher wurde 1909 in der Nähe von Nettersheim freigelegt. Beim Bestellen ihrer Felder war das Ackergerät der Bauern an großen Steinen hängen geblieben. Es handelte sich um Weihesteine römischer Göttinnen, deren Entstehungszeit um 200 n. Chr. eingeordnet wurde. Bei weiteren Grabungen kamen die Grundmauern mehrerer Gebäude zum Vorschein, die sich als Überreste eines Tempelbezirks

Auch in heutiger Zeit schmücken Besucher die Matronensteine mit Blumen und Kerzen, wie hier in Nettersheim.

herausstellten. Ergänzt wurde die Entdeckung noch durch römische Münzen, Tonscherben, Fragmente von Säulen und weitere Weihesteine. Man datiert die Nutzung dieses Tempelbereichs auf das 2. bis 4. Jahrhundert. Nach dem Rückzug der Römer wurde er entweder zerstört oder verfiel wegen der ausbleibenden Präsenz und Pflege.

Nachdem der archäologische Wert der Fundstücke als sehr hoch bewertet wurde, kamen die transportablen Teile in das LVR-Landesmuseum in Bonn zur Aufbewahrung. Leider geriet das Areal danach wieder in Vergessenheit und überwucherte vollkommen. Erst im Jahr 1977 erinnerten sich die Archäologen daran und legten es gründlich frei. Um die Ausmaße des Tempelbezirks besser sichtbar zu machen, wurden die Grundmauern mit vier bis fünf Steinschichten aufgemauert. Nachbildungen der Weihesteine fanden Platz an dem ehemaligen Standort der gesicherten Originale.

22 Der Grüne Pütz
Frisches Eifel-Wasser für Colonia

Die Bevölkerung der um 19 v. Chr. gegründeten Siedlung Colonia (Köln) wuchs sehr schnell. Die Versorgung der Menschen, besonders mit frischem Wasser, musste sichergestellt werden. Als die Brunnen nicht mehr ausreichten, gab es nur eine Lösung: eine Fernwasserleitung aus der Eifel, fast 100 Kilometer lang.

Wenn es darum ging, etwas durchzusetzen, um Komfort und Erleichterung des täglichen Lebens zu erreichen, waren die Römer einzigartig und konsequent. Sie machten sich Gedanken, planten und kamen fast immer zu einem guten Ergebnis. Dieses Mal war es die Versorgung mit Wasser in Colonia Claudia Ara Agrippinensium, heute sagen wir Köln. Als der Wasserbedarf in der schnell wachsenden Ansiedlung stieg und dieser nicht mehr aus dem nahe gelegenen Vorgebirge und durch die städtischen Brunnen ausreichend gedeckt werden konnte, war es an der Zeit, eine Lösung zu finden. Die Römer schreckten nicht davor zurück, um das Jahr 80 mit einem der größten und technisch gewagtesten Bauwerke nördlich der Alpen zu beginnen.
Die damalige römische Verwaltung beschloss, dass das lebenswichtige Wasser aus der Eifel beschafft werden sollte. Der kühne Plan besagte, dass eine Fernwasserleitung von einem im Wald gelegenen Quellgebiet bei Nettersheim bis nach Köln unumgänglich war, um zukünftig die Wasserversorgung der gesamten Einwohnerschaft zu garantieren.

Es ist davon auszugehen, dass im Umkreis stationierte Soldaten und Söldner zu dem Bau herangezogen wurden. Ein aus Naturstein gefertigtes Mauerwerk sollte das frische Wasser nach Köln befördern. Allein die Berechnung des Gefälles über topografisch unterschiedliches Gelände galt schon damals als herausragende und beachtenswerte Ingenieursleistung. Taleinschnitte wurden durch gemauerte Aquädukte überwunden. Das Kanalprofil wurde so berechnet, dass durch Gefällstrecken dennoch eine konstante Fließgeschwindigkeit beibehalten wurde. So erreichten schließlich nach Fertigstellung dieses tollkühnen Bauwerks täglich 20.000 Kubikmeter frisches, klares Eifelwasser den Zielort Colonia. Um Verunreinigungen und unnötige Erwärmung des Wassers durch Sonneneinstrahlung auf dem fast 100 Kilometer langen Weg auszuschließen, handelte es sich um ein geschlossenes System, das alle äußeren Umwelteinflüsse fernhielt.

Der Anfang der Leitung war der „Grüne Pütz“ bei Nettersheim, ein reich mit römischen Gottheiten verziertes Sammelbecken mit verschiedenen Zuflüssen, bevor das Wasser in die Fernleitung geführt wurde. Zuvor wurden schon Verunreinigungen herausgefiltert, die allerdings zur damaligen Zeit höchst gering und unbedeutend waren.

Der „Grüne Pütz" bei Nettersheim ist die Ursprungsquelle für die römische Wasserleitung in das fast 100 Kilometer entfernte Köln (damals Colonia).

Weil die Menge des Wassers erhöht werden sollte, wurde aus verschiedenen angelegten Quellfassungen im oberen Bereich der Leitung zusätzlich Wasser eingespeist.

Über 260 Jahre leistete diese einzigartige und vor allem sinnvolle Anlage unverzichtbare Dienste. Es ist bedauerlich und nicht nachvollziehbar, dass die Franken, die Köln zerstörten und plünderten, mit dieser technisch fortschrittlichen Errungenschaft offenbar nichts anzufangen wussten. Möglicherweise fehlte ihnen das technische Verständnis. Zerstörungen an der Wasserleitung unterbrachen den Wasserfluss. Ausbleibende Pflege und Wartung machten die Wasserfernleitung unbrauchbar.

Heute bleibt Interessierten nur mehr eine Betrachtung der Überreste der antiken Anlage. An manchen Stellen sind Teile der Wasserleitung, der Klärbecken, Quellfassungen und Brunnenstuben noch zu besichtigen. Der über 116 Kilometer lange Römerkanal-Wanderweg, der in sieben Etappen von Nettersheim nach Köln führt, informiert ausführlich mit 50 Schautafeln über alles Wissenswerte.

23 Nettersheim-Marmagen
Ein Eifeler Nachfahr kommt groß raus

Ein in Frankreich schwer auszusprechender deutscher Name war ausschlaggebend, dass Anfang des 18. Jahrhunderts dem Wort Eifel ein zweites „f" hinzugefügt wurde. Noch ahnte damals niemand, welche Berühmtheit später diesen Namen tragen sollte. Nur so viel sei verraten: Der Vorname war Gustave.

Jetzt wissen wir ja doch schon genau, wer gemeint ist: Gustave Eiffel, der Konstrukteur des 324 Meter hohen und nach ihm benannten Eiffelturms. Die Errichtung des Eisenfachwerkbaus am nordwestlichen Ende des Marsfeldes in Paris, die vom 1. Juli 1887 bis zum 15. April 1889 dauerte, hatte gleich zwei Anlässe: Einerseits sollte ein monumentales, wirklich einmaliges Eingangsportal für die Weltausstellung 1889 entstehen und gleichzeitig wollte man an den 100. Jahrestag der Französischen Revolution erinnern.

Doch erst einmal zurück zu den Anfängen: Es soll ein Wilhelm-Heinrich Bönickhausen aus Marmagen gewesen sein, der 1710 mit seiner Familie nach Frankreich auswanderte. Dort nahm er einen neuen Vornamen an und nannte sich fortan Jean-René. Der in der französischen Sprache schwer auszusprechende Name Bönickhausen bekam den Zusatz „dit. Eiffel", was bedeutet: „genannt Eiffel". So blieb wenigstens ein Bestandteil der ursprünglichen Herkunft beibehalten. In der französischen Sprache war in dieser Namenskonstellation das doppelte „f" üblich. Den Lebensunterhalt für die Familie verdiente er sich als Förster in den Wäldern von Dijon.

Sein Urenkel Gustave wurde am 15. Dezember 1832 in Dijon geboren. Aus der Geburtsurkunde geht hervor, dass damals noch die Doppelbezeichnung seines Namens geführt wurde. Seine berufliche Entwicklung verlief rasant und erfolgreich, was offenbar auf sein seit frühester Jugend bestehendes großes Interesse für die Mathematik und Technik zurückzuführen war, hierin entwickelte er auch ein besonderes Talent. So konnte er bereits mit 23 Jahren sein Studium als Ingenieur für Chemie abschließen. Nur ein Jahr später wurde ein Verantwortlicher bei einer Eisenbahngesellschaft auf die außerordentliche Eignung Eiffels für technische und organisatorische Fragen aufmerksam, was diesem sofort die Mitarbeit bei herausragenden Projekten einbrachte. Das damals in Frankreich expandierende Eisenbahnnetz machte vielerorts den Bau von Brücken erforderlich, sodass sich Gustave um seine Beschäftigung nicht sorgen musste und gut daran verdiente. So war er unter anderem maßgeblich an dem Bau der 500 Meter langen Eisenbahnbrücke von Bordeaux beteiligt. Aber es verschlug Gustave im Rahmen seines Berufs auch ins Ausland, sogar nach Übersee. In New York machte er sich einen Namen, als er das stählerne „Innenleben"

Eine Bronzetafel erinnert in Marmagen an den Mann, der einst u. a. den Pariser Eiffelturm konstruierte.

der Freiheitsstatue konstruierte, auf dem später die Kupferplatten befestigt wurden.

Am 15. Dezember 1880 verzichtete Gustave Bönickhaussen dit. Eiffel per Richterspruch des erstinstanzlichen Gerichts in Dijon auf seinen ursprünglichen Namen und nannte sich nur noch Gustave Eiffel. Bereits am 30. Oktober 1878 hatte er die Namensänderung beim Justizministerium beantragt und ausführlich begründet. Zwei Jahre dauerte es, bis eine Entscheidung getroffen wurde.

Sein größtes und beachtenswertestes Bauwerk blieb der mit seinem Namen versehene Turm in Paris. Mit seinen 324 Metern Höhe blieb der Eiffelturm über 40 Jahre das höchste Gebäude der Welt.

Im Jahr 1968 wurde zu Ehren des großen Sohnes von Marmagen der Dorfplatz in Eiffelplatz umbenannt. Seit 1985 beschreibt eine bronzene Erinnerungstafel ihn und sein Werk.

24 Die Eisenbahn kommt
Ein Sprung nach vorne für die Eifel

Eine angepasste, leistungsfähige Infrastruktur hat den Regionen, die zuvor davon ausgenommen waren, stets Fortschritt gebracht und ließ den Handel dort aufblühen. Auch in der Eifel war das so. Hinter der verkehrstechnischen Erschließung verbarg sich aber zudem noch eine andere Intention.

Die erste Bahnstrecke in die Eifel wurde 1842 zwischen Köln, Düren und Aachen eröffnet. Es war eine Strecke, die topografisch gesehen noch verhältnismäßig einfach einzurichten war. Damals bauten und unterhielten Privatunternehmen die Eisenbahnstrecken, bei denen im Vordergrund stand, entsprechende Gewinne zu erzielen. In weniger hügligen Regionen war der Ausbau nicht so kostspielig und nach Fertigstellung die Gewinnzone schneller erreicht, die auch durch eine größere Bevölkerungsdichte garantiert war. Die weniger besiedelten Bereiche der Eifel versprachen nur geringere Einnahmen. Auch die Erträge aus Landwirtschaft, Forsten und Industrieanlagen verhießen keine einträglichen Geschäfte. Das waren die Hauptgründe, warum der Eifel so spät ein Schienenanschluss zuteil wurde.

Da sich die Eisenbahnstrecke von Düren nach Aachen als Erfolg herausstellte, ließen ihre Erbauer in ihrem Bestreben nicht nach, die gesamte Eifel, wenngleich topografisch schwierig und vor allem teuer, mit einem Schienennetz dem allgemeinen Fortschritt näherzubringen. Bodenschätze, Arbeitskräfte, aufkommende und wachsende Gewerbebetriebe sollten auch außerhalb der Eifel ihre Beachtung finden.

Bei den Planungen, das Eisenbahnnetz so auszubauen, dass wichtige Orte miteinander verbunden werden können, erhoben die Bahnunternehmen aus Kostengründen immer wieder Einspruch, verkürzten Strecken. Auch als sich der Reichstag in Berlin einschaltete, setzte sich die Eisenbahn-Gesellschaft durch, denn es galt schon damals: Wer bezahlt, der bestimmt. Dennoch entstanden nach und nach Eisenbahntrassen auch in landschaftlich schwierigen Gebieten, wobei Tunnel nicht mehr ausgeschlossen wurden. Nach einer Steigung von 100 Höhenmetern wurde Schmidtheim 1869 mit 554 Metern üNN der höchste Bahnhof der Eifel. Unzählige deutsche Militärverbände hatten hier ihren Ausgangspunkt für den Feldzug 1870 gegen Frankreich. Erstmals wurde offen der Hintergedanke deutlich, die Bahn jederzeit auch zum schnellen Transport von Soldaten und Kriegsmaterial gegen den „Erzfeind" Frankreich einsetzen zu können.

An den Bahnstrecken wuchsen die Orte, neue Gewerbezweige entstanden. Die logistische Erschließung brachte der Eifel endlich den lang ersehnten Aufschwung. Die im 18. Jahrhundert einzige gewerblich genutzte Mineralquelle, der Birresborner Phönix Sprudel, steigerte ihren Umsatz um ein Vielfaches.

Nostalgische Dampfzüge (hier die Brohltalbahn) erinnern an die Erschließung der Eifel durch die Schiene und erfreuen sich zunehmender Beliebtheit.

Der Versand aus der Eifel hinaus funktionierte hervorragend, die Wege zum Verbraucher wurden „kürzer“. Andere Mineralquellen wurden erschlossen.

Im Jahr 1881 ging das rheinische Eisenbahnnetz an das Deutsche Reich, das Hauptstrecken mit weiteren Querverbindungen ergänzte. Um Umwege zu vermeiden, wurden weitere Tunnel gebaut, der längste davon mit 4,2 Kilometern Länge bei Cochem. Mit einer Gesamtlänge der Schienenstränge von schließlich 1.085 Kilometern verfügte die Eifel im Jahr 1914 über das dichteste Eisenbahnnetz der Welt mit mehr als 200 Bahnhöfen. Der militärisch-logistische Hintergedanke mit Blick nach Westen wurde nie außer Acht gelassen.

Heute ist dieses Netz deutlich reduziert. Zahlreiche Tunnel, Trassen und Viadukte hat man, nachdem sie zugewuchert und unbrauchbar geworden waren, für Wanderer und Radfahrer reaktiviert und als Fernrad- und Wanderwege ausgewiesen. Abseits des Individualverkehrs sind diese heute gefahrlos zu nutzen.

25 Pechfackeln und Geisterball
Karneval in Blankenheim

Zu Karneval stehen in Blankenheim, abweichend zu anderen Hochburgen dieser närrischen Tradition, die Geister des Winters im Mittelpunkt. Mit überliefertem Ritus werden diese vertrieben und man schafft Platz für die ersehnte, helle Jahreszeit.

Pünktlich um 19 Uhr beginnt jedes Jahr am Karnevalsamstag in den Gassen der alten Burgstadt Blankenheim eine Veranstaltung, die mit Macht den Wintergeistern den Garaus machen möchte. Es sind Menschen jeden Alters und Geschlechts, die sich selbst als Geist ganz in Weiß hüllen und vor dem

Rathaus versammeln. Zur Verstärkung ihres Vorhabens führen sie lärmerzeugende Gegenstände mit sich. Der Anblick der in Bettlaken gehüllten Personen wirkt überzeugend geisterhaft. Die zusammengeknoteten Enden der Tücher auf den Köpfen erwecken bewusst den Eindruck von Hörnern, wie sie von anderen mystischen Gestalten bekannt sind. Der flackernde Schein der Pechfackeln erinnert an einen Ort, den eigentlich niemand irgendwann erreichen will.

Die Geisterschar formiert sich wenig später zu einem Zug, der, seit 1613 in dieser Form gepflegt, bundesweit als einmalig gilt. Er zieht an jedem Haus des kleinen Städtchens mit seinem mittelalterlichen Flair vorüber. Allerdings reicht das zur erfolgreichen Vertreibung der Wintergeister noch lange nicht aus. Während des ganzen Ablaufs des Zuges ertönt ununterbrochen ein eintönig nervender und tatsächlich geisttötender Spruch. Dieser ist seit dem 18. Jahrhundert unverändert und den Sinn können eigentlich nur die Einheimischen verstehen, die den Dialekt beherrschen. Die Teilnehmer des Zuges werden durch den Spruch angespornt, sich singend und wild bewegend durch Sträßchen und Gässchen dem Stadttor zu nähern, um dort den Wintergeistern den Weg zu weisen.

Der große Unterschied zu den Karnevalszügen in den anderen rheinischen Hochburgen liegt darin, dass in Blankenheim die dunkle Tageszeit genutzt wird, um den Willen noch nachdrücklicher zu bekunden, die Geister zu vertreiben. Außerdem kommen Fackeln in den Abendstunden überzeugender zur Geltung.

Es werden auch keine Kamelle und Strüßje (für Nichtrheinländer: Bonbons und Blumensträußchen) geworfen. Auch Politiker bleiben in Blankenheim unbehelligt, denen andernorts der Spiegel der Wahrheit vorgehalten wird.

Einen Prinzen gibt es aber auch hier. Er ist natürlich weiß gekleidet, nur mit dem Unterschied, dass er auf seinem Rücken über Flügel verfügt und hoch zu Ross sitzend alle anderen Mitstreiter überragt. Vor ihm laufen die „Jecke Bönchen" ebenfalls in weißen Kostümen. Sie geben die Geschwindigkeit und den Takt an, dem die anderen folgen.

Diese Traditionsveranstaltung erfreut sich von Jahr zu Jahr steigender Beliebtheit, nicht nur bei den unzähligen, auswärtigen Besuchern, die einmal eine andere Art des Karnevals erleben wollen. Auch die ortsansässigen Geistervertreiber werden immer mehr. Äußert sich in Köln in einem Lied der Wunsch „einmal Prinz zu sein", könnte es in Blankenheim analog heißen „einmal Geist zu sein". Als Abschluss des Umzugs wird in der Weiherhalle, dem zentralen Ort der Zusammenkunft in Blankenheim, ein Geisterball als Höhepunkt des Karnevals gefeiert.

Wer mehr über den Blankenheimer Karneval erfahren möchte, begibt sich ins Karnevalmuseum, das im Georgstor untergebracht ist. 1986 wurden die Räume von den Karnevalisten renoviert und für die Exponate, die zum Teil aus dem Jahr 1613 stammen, entsprechend hergerichtet.

◂ Rheinischer Karneval mal ganz anders: Der jährliche, traditionelle Geisterzug in Blankenheim erfreut sich auch ohne Wurfmaterial großen Zuspruchs.

26 Wachsender Wasserfall
Naturdenkmal in der Kalkeifel

Die Eifel bietet so viel Erstaunliches; scheinbar gesicherte Gesetzmäßigkeiten der Natur treffen hier offenbar nicht immer zu. Oder doch? Bei Wasserfällen ist normalerweise von einer Abnutzung der Fließkante auszugehen. In der Verbandsgemeinde Hillesheim soll ein Wasserfall jedoch seit über 100 Jahren wachsen.

Kann ein Wasserfall wachsen? In der Nähe von Drohn in der Verbandsgemeinde Hillesheim gibt es tatsächlich einen Wasserfall, bei dem das hervorragend und deutlich sichtbar funktioniert. Schließlich beträgt das jährliche Wachstum acht bis zehn Zentimeter. Das kann sich sehen lassen!

Im Jahr 1910 wurde die Trasse für die geplante Eisenbahnlinie von Dümpelfeld nach Jünkerath gebaut. Im Verlauf der Strecke wurde es erforderlich, den Verlauf von drei stark kalkhaltigen Karstquellen zu regulieren und zu einem einzigen Wasserlauf zusammenzufassen. Den dadurch entstandenen größeren Wasserfluss leitete man unter der Eisenbahntrasse hindurch. Die Planer arbeiteten so vorausschauend, dass die Bahnstrecke bei eintretenden Hochwasserlagen nicht in Mitleidenschaft gezogen und der Betrieb weitergeführt werden konnte. Das Wasser hat eine Temperatur von 8 Grad Celsius und verfügt über einen übermäßig hohen Kalziumgehalt von fast 200 Milligramm pro Liter. Das darin enthaltene Kohlensäuregas natürlichen vulkanischen Ursprungs kann an der Ablaufkante entweichen und sich in Kalziumcarbonat auslösen. Die an dieser Stelle wachsenden dichten Mooskulturen profitieren nicht nur von der ständigen Wasserzufuhr und der Wärme spendenden Sonneneinstrahlung, sie funktionieren auch wie ein dichtes Sieb. Sie lassen das nachdrängende Wasser zwar abfließen, halten aber den sogenannten Kalksinter zurück und bauen diesen ständig auf. Ein ganz natürlicher Vorgang also.

Auf diese Weise werden im Verlauf eines Jahres sage und schreibe 4,5 Tonnen Karbonat-Sintermaterial am Weiterfluss gehindert, an dieser Stelle festgehalten und abgelagert. Im Zeitraum von 1910 bis heute entstand dadurch ein zwölf Meter breites und fünf Meter hohes, hellgrünes und ständig frisch wirkendes Naturgebilde, das je nach Zufuhr und Jahreszeit unterschiedliche Wassermengen abgibt, gleichzeitig aber auch die eben erwähnten Inhaltsstoffe filtert, festhält, ablagert und aufbaut, wozu eine zunehmende Moosvermehrung beiträgt. Nach tröpfelndem und an manchen Stellen auch heftiger fließendem Wasserabgang sind die meisten Inhaltsstoffe bereits im Moos gebunden. Kristallklares Wasser strebt einem Bach entgegen.

Im Jahr 1986 kam es erstmals zu einer kritischen Situation an dem einmaligen Naturdenkmal. Es hatte sich eine derart große Menge an Sintermaterial mit dem Moos vereint und das Gewicht

Der wachsende Wasserfall ist eine Besonderheit. Dichte Moosflächen nehmen die Kalziumanteile des Wassers auf und lassen das Gebilde jährlich bis zu zehn Zentimeter wachsen.

des Aufbaus bedenklich erhöht, dass alles abzurutschen drohte. Das galt es unbedingt zu verhindern, der Mensch musste eingreifen und zuhilfe kommen. Ein Teil der natürlichen Kalksintermauer wurde unter Aufsicht von Experten abgetragen, der Rest durch entsprechende Betonfundamente gesichert und somit erfolgreich langfristig stabilisiert. Diese Maßnahmen blieben aber nicht lange sichtbar. Die Natur bekam wieder die Oberhand und besserte auf ihre Weise schnell nach, schloss sozusagen die Wunde. An Nachschub hatte es noch nie gefehlt. Das nördlichste Kalksintervorkommen Europas ist so einzigartig und bedeutend, dass es zum Naturdenkmal erhoben wurde.

27 Hereinspaziert in den Vulkan!
Der Arensberg bei Walsdorf-Zilsdorf

Große Teile der Eifel wurden bekanntlich durch vulkanische Aktivitäten geformt. Bei den meisten der ca. 250 Erhebungen aus dieser Zeit ist der Ursprung nicht mehr erkennbar. Mutter Natur hat mit ihrer Flora dazu beigetragen. Aber es gibt noch den Arensberg, der einlädt, sein Inneres kühn und ohne Bedenken zu betreten.

Einzigartig ist es schon, wenn ein erloschener Vulkan seine „Tür öffnet“ und zu einem Besuch in seinem Innern einlädt. Der Arensberg, auch Arnulfusberg und gleichzeitig die 30. Station der Deutschen Vulkanstraße, erwartet uns und führt Millionen Jahre zurück. Nur wenige Gehminuten von einem kleinen Parkplatz entfernt, erhebt sich schon der mit Bäumen und Sträuchern bewachsene Vulkanwall. Ein tunnelartiger Durchlass liegt vor uns, einst offenbar so groß, dass ihn ein Lkw passieren konnte. Ein schmaler, mit Holz ausgekleideter und vor Steinschlag schützender Überbau an der Seite ermöglicht nur noch Fußgängern das gefahrlose Passieren des Tunnels.

Nach wenigen Schritten zeigt das Tageslicht das Ziel. Schnell ist der Gang verlassen, und wir sind rundherum vom oberen Wall des Vulkans umgeben, der stellenweise auch hier dichten Baum- und Strauchbewuchs aufweist. Einige Meter weiter beginnt ein tiefer Abgrund, der ganz unten in einen weiten runden Kessel mündet. Bis zu dieser tiefen Stelle wurde einst Basalt abgebaut. Ein schmaler, steiler Pfad führt hinunter. Die rundum aufsteigenden Wände zeigen die typischen, geometrisch exakt durch die Erkaltung gewachsenen Basaltsäulen. Die heute existierende Weite des Trichters dokumentiert aber auch, dass hier der Mensch lange Zeit Hand angelegt und die vulkanischen Produkte durch den eben durchschrittenen Tunnel abtransportiert hat. Die einstige Caldera kann während der Ausbrüche nie dieses Ausmaß gehabt haben.

Der Arensberg, ein bedeutender tertiärer Vulkan, weist eine Höhe von 561,3 Metern auf. Anders als bei den meisten Eifel-Vulkanen waren hier zwei Ausbruchphasen vor etwa 24 bis 32 Millionen Jahren ausschlaggebend, um dieses Gebilde „aufwachsen“ zu lassen. Zunächst durchbrach das Magma aus 30 bis 100 Kilometern Tiefe mit immensem Druck die darüber liegenden Gesteinsschichten. Im Laufe von Millionen Jahren hatten sich dort Ton, Sand, Kalk, Buntsandstein und Muschelkalk abgelagert. Die Gewalt des Ausbruchs hinterließ noch heute in der Umgebung zu sehende Steinblöcke von einigen Kubikmetern Umfang. Das weiter unaufhaltsam nach oben drängende Magma war schließlich in der Lage, eine gleichmäßige Kuppe als Abschluss zu formen. Das schnelle Erkalten der Lava am Ende dieser ersten Ausbruchphase hinterließ große, senkrechte Basaltsäulen, die sich in Wänden auftürmen und heute wie in einem Lehrbuch zu erkennen sind.

Der erloschene Vulkan Arensberg gewährt einen Blick in sein Inneres. Die Strukturen, die er zu seiner „Lebenszeit" geschaffen hat, sind deutlich zu erkennen.

Nach erdgeschichtlich betrachtet kurzer Zeit von acht Millionen Jahren kam es in den Magmakammern wieder zu Unruhe, Drücken und Bewegungen. Ein zweiter gewaltiger Ausbruch war unausweichlich und musste dem Erdinnern Entlastung bringen. Dieses Mal kam es allerdings bei den glühenden, ausgeworfenen Massen zu einer langsameren Abkühlung. Das hatte wiederum zur Folge, dass dünnere Basaltsäulen entstanden. Auf dem Gipfel dieses Vulkans wurde in späterer Zeit, als das letzte große Feuerspektakel vorüber war, ein römisch-keltischer Tempel errichtet. Danach fand dort eine kleine, im Jahr 1182 erbaute und dem heiligen Arnulfus geweihte Wallfahrtskirche ihren Platz. Als aber der Vulkanschlot durch den Abbau immer mehr ausgehöhlt und die Öffnung dadurch breiter wurde, war das christliche Bauwerk an dieser Stelle gefährdet. Daher wurde eine kleine Kapelle zu Ehren dieses Heiligen am Hang des Berges errichtet.

28 Mord und Totschlag auf dem Papier
Krimihauptstadt Hillesheim

„Wissen Sie schon, wer's war, Herr Kommissar?" Diese Frage passt zu Hillesheim. Doch natürlich nur literarisch gesehen. Krimi-Liebhaber treibt es ins Kriminalhaus, ins „Café Sherlock" und sie übernachten im Kriminalhotel. Endstation: Gefängnis. Wenn's passiert, ist „stilgerechte" Kleidung inklusive.

Hillesheim im Landkreis Vulkaneifel ist ein kleines, beschauliches Städtchen. Neben den historischen Sehenswürdigkeiten hat dieser Ort noch andere Besonderheiten aufzuweisen. Viele Besucher kommen nur aus einem Grund hierher: das Verbrechen! Und es muss auch das große Kaliber sein, nicht etwa

Hühnerklau oder Taschendiebstahl. Nein, Mord und Totschlag, Entführung und Erpressung stehen im Vordergrund. Die Menschen suchen das Geheimnisvolle, das Ungewisse und vor allem Spannung. Der Krimi-Fan findet in Hillesheim das, was es woanders nicht gibt.

Im Ortskern steht ein Gebäude älteren Baustils, sehr gepflegt, mit Giebeln und Erkern. An den beiden Frontseiten prangt die Aufschrift „Das Kriminalhaus". Der erste i-Punkt des Wortes ist gleichzeitig der Mittelpunkt eines Fadenkreuzes. Im Jahr 2007 wurde dieses besondere Haus mit 30.000 Bänden dieses Genres eröffnet und entwickelte sich seitdem zu einem Magneten für Fans der Kriminalliteratur. Hier kann jeder stöbern und schmökern, sich mit Gleichgesinnten austauschen. Im Gebäude befindet sich auch das „Café Sherlock", das älteste seiner Art in Deutschland. Besonders beeindruckend ist das Ambiente: Kerzenleuchter, Mordwaffen und zahlreiche andere zum „täglichen Mordgeschäft" gehörende Utensilien vermitteln den Eindruck, mitten im Geschehen zu sein. Der Gast kann dabei eine „Chocolat Poirot" genießen oder, an Miss Marple denkend, die „Teatime" zelebrieren. Hier geben sich die Größen der weltweiten Kriminalliteratur auf Bildern, Plakaten oder Fotos ein Stelldichein. In Vitrinen können Beweisstücke, die in den Filmen bedeutend waren, bestaunt werden.

In Sichtweite liegt das Krimihotel, das auch in seinem Innern besondere Überraschungen bereithält. Eingefleischte Krimi-Fans werden sich an die Hotels erinnern, die in Romanen und Filmen Schauplätze für Mord und Totschlag waren. Die zehn Doppelzimmer, die jeweils auf das „K-Thema" ausgerichtet sind, haben es in sich und sind entsprechend ausgestattet. Hauptdarsteller oder Schöpfer der bekanntesten Kriminalromane oder Serien sind allgegenwärtig: Sherlock Holmes zieht nachdenklich an seiner Pfeife, Alfred Hitchcock empfängt Gäste in dem nach ihm benannten Zimmer. Und Miss Marple über dem Doppelbett im nächsten Zimmer scheint wieder einmal Verdacht zu schöpfen. Derrick blickt offenbar zu Harry, der schon mal den Wagen holen soll. So setzt sich in jedem Zimmer zur Freude der Krimifreunde die themenbezogene Einrichtung fort. Der Blick in einen Pistolenlauf ist James Bond zuzuordnen.

Der Eifelkrimi-Wanderweg führt zu Schauplätzen aus entsprechenden Krimis und lässt das zuvor Gelesene noch deutlicher vor Augen stehen.

Das Ende eines kriminellen Lebens sollte immer der Knast sein. Auch dieses Erlebnis der besonderen Art bietet Hillesheim. Im ehemaligen Königlich Preußischen Amtsgerichts-Gebäude, in dem einst auch der Strafvollzug erfolgte, ist heute das „Hotel zum Amtsrichter" untergebracht. Die Zellen von früher sind heute die Gästezimmer. Stilgerecht wird die gestreifte Kleidung gestellt.

‹ Das „Kriminalhaus" des Autors und Verlegers Ralf Kramp gewährt Liebhabern des Krimigenres Einblicke in über 30.000 Bände mit Kriminalgeschichten.

29 Ein großer Maler seiner Heimat
Fritz von Wille in Kerpen

Vor der Erfindung der Fotografie brauchte es Pinsel, Farbe und Stifte, um schöne Landschaften zu interpretieren. Viele talentierte Künstler bannten natürlich auch die Eifel auf die Leinwand. Ein Name ragt unter all den Eifel-Malern heraus: Fritz von Wille. Er verstand es meisterlich, die Stimmung jeder Jahreszeit in seinem ihm eigenen Malstil darzustellen. Die Schönheit unseres Landstrichs hat er in zahlreichen Kunstwerken eingefangen.

Im Jahr 1860 in Weimar geboren, war Friedrich Gustav August Julius Philipp Rudolf von Wille in Bezug auf die Malerei „erblich vorbelastet". Sein Vater August war Hofmaler, seine Mutter Clara Tiermalerin. Von 1879 bis 1882 vervollkommnete Fritz von Wille sein Talent an der Kunstakademie in Düsseldorf. Seine späteren Studienreisen führten ihn zunächst in zahlreiche deutsche Mittelgebirge wie den Schwarzwald, an Lahn, Sieg und Rhein. Nachdem er 1882 die vermögende Fabrikantentochter Maria Auguste Schneider aus Neuwied geheiratet hatte, blieb der Lebensmittelpunkt der Familie mit zwei Söhnen in einer Wohnung in Düsseldorf, und zwar bis ans Lebensende.

Von Willes ersten malerischen Kontakt zur Eifel dokumentiert eine Skizze aus dem Jahr 1885 – der Beginn einer großen Zuneigung zu dieser Landschaft. Ab 1889 zog es ihn immer mehr in die Eifel. Er konnte diesem grünen Mittelgebirge

So stellte der Eifelmaler Fritz von Wille seine Heimat auf Leinwand dar: Burg und Ort Reifferscheid mit dem berühmten Eifelgold, dem Besenginster, im Vordergrund.

Auf der 1911 von Fritz von Wille erworbenen Burg Kerpen fand der Maler seine letzte Ruhestätte.

und der Natur nicht widerstehen. Während der Sommermonate bezog er eine Wohnung in Reifferscheid, um besser in die Natur und Landschaft eintauchen, diese einmalige Schönheit auf Leinwand bannen und damit anderen Menschen zugänglich machen zu können. 1899 bekam er während der Kunstausstellung in London die Silbermedaille verliehen, im Jahr 1901 in München eine Goldmedaille. Weitere Auszeichnungen folgten in Wien und Salzburg. Sogar der deutsche Kaiser Wilhelm II. kaufte 1908 das erste Werk des Gemäldes „Die Blaue Blume". Diese Verbindung öffnete für Fritz von Wille bei Hofe Tür und Tor, brachte ihm Respekt und Wertschätzung ein. Mit diesem ehrenhaften Hintergrund folgten in der Zeit vor dem Ersten Weltkrieg zahlreiche lukrative Aufträge. Seine Auftraggeber waren sehr großzügig, sodass Fritz von Wille auf beachtliche Einkommen blicken konnte. Zu den Auftraggebern gehörten auch die Kreise Daun und Wittlich, die jeweils sieben Großgemälde in Auftrag gaben.

Im Sommer 1911 kaufte Fritz von Wille die Burg Kerpen. Er zog mit seiner Frau und den beiden Kindern auf diesen kleinen Adelssitz, dessen Anfänge nicht genau bekannt sind. Das Jahr 1136 kann als erste urkundliche Erwähnung angenommen werden.

Dem Maler Fritz von Wille gelang es in seiner ganz besonderen, unverkennbaren Weise, die Schönheit der Natur im Wechsel der Jahreszeiten darzustellen. Authentische Farben im Zusammenspiel von Himmel, Wolken und Wasser bewirken stets eine räumliche Tiefe und bringen Leben und Bewegung in die Motive. Besonders gern malte er das Eifelgold, wie der Besenginster in der Eifel genannt wird. Von Wille verdanken wir Hunderte beeindruckender, stimmungsvoller Bilder in unverkennbarem Stil. Von Wille blieb seiner Art zu malen stets treu und schloss sich nicht dem Trend des künstlerischen Wandels an.

Nach Ende des Ersten Weltkriegs verschlechterte sich die wirtschaftliche Lage des Malers. Die Inflation machte ihn nahezu mittellos. Fritz von Wille starb 1941 in seiner Düsseldorfer Wohnung. Seine letzte Ruhestätte fand er allerdings wunschgemäß auf Burg Kerpen.

30 Des Kaisers Autorennbahn
Die grüne Hölle Nürburgring

Die Idee zu einer sicheren Automobilrennstrecke in der Eifel stammt von keinem Geringeren als Kaiser Wilhelm II. Da diese junge Sportart bisher auf normal genutzten Straßen erfolgte, sorgte er sich um die Sicherheit der Fahrer und Zuschauer. Der Gedanke war geboren: Eine spezielle Rennstrecke musste her.

Am 17. Juni 1904 wurde in Bad Homburg v.d.H. im Taunus das Gordon-Bennett-Automobil-Rennen ausgetragen. Kaiser Wilhelm II. hielt sich dort oft in seinem Landgrafenschloss auf und hatte sich für das römische Kastell Saalburg als Start- und Zielort eingesetzt. Zwar brachte diese Veranstaltung nicht den erhofften finanziellen Erfolg, aber das Interesse für die noch junge Sportart wuchs bei der Bevölkerung. Daher setzte sich der Kaiser für die Realisierung einer Rennstrecke ein. In die Planung konnten noch bestimmte Vorgaben einfließen: Die Gegend sollte nicht zu dicht besiedelt sein, Kurven, Steigungen und Gefällabschnitte sollten Fahrer und Fahrzeuge vor Herausforderungen stellen.

Noch im gleichen Jahr begannen unter Hochdruck die Planungen. Allerdings wurden diese im Jahr 1907 eingestellt, weil das Interesse in der Bevölkerung wieder schwand. Mit Ende des Ersten Weltkrieges, dem positiven Blick nach vorne und steigender Motorisierung kehrte die Motorsportbegeisterung zurück. Zudem setzten sich ADAC und AvD dafür ein. Es folgten wieder Motorsport-Veranstaltungen, allerdings noch immer unter Vernachlässigung des Sicherheitsgedankens. Planungen für eine neue Rennstrecke wurden wieder aufgenommen.

Die Gegend um Adenau galt lange Zeit als vernachlässigte und strukturschwache Region. Mit dem Bau einer Rennstrecke erhofften sich die Planer, Menschen von nah und fern anzulocken und einen Wirtschaftsaufschwung herbeizuführen. In der Vorbereitungsphase wurden die Motorsportbegeisterten noch einmal zu einem Rennen eingeladen, einem Test, ob tatsächlich genügend Interesse vorhanden sei und ob sich die hohen Investitionen lohnen würden. Zweifellos bestätigte die Begeisterung von 40.000 Besuchern auf einer Rundstrecke von 22 Kilometern bei Nideggen das Interesse. Der ADAC, Gau Rheinland, führte die Planungen weiter. Er nahm aber entgegen aller Absichten, die Rennstrecke um die Nürburg zu bauen, Verhandlungen mit der Stadt Münstereifel auf, die bereit war, im Stadtwald große Flächen dafür freizugeben. Zum Glück, kann man heute sagen, scheiterte es an einer sicheren Finanzierung. Der Blick ging zurück zur Nürburg, die Hohe Acht und Adenau. Im April 1925 wurde der Bau des Nürburgrings unter Einbeziehung des Reichsverkehrsministeriums in Berlin beschlossen und im Juli begonnen. Schwerpunkt blieb nach wie vor, den „ärmsten Kreis in Preußen" zu unterstützen. Für die umfangreichen

Wegen des anspruchsvollen Verlaufs dieser Eifel-Rennstrecke bezeichnete der ehemalige F1-Pilot Jackie Stuart den Nürburgring als „grüne Hölle".

Arbeiten standen im Adenauer Raum zu wenige Arbeitskräfte zur Verfügung, sodass aus den Bezirken Köln und Koblenz Kräfte angeworben wurden. Insgesamt waren 2.500 Personen am Bau beteiligt, schließlich mussten 150.000 Kubikmeter Erde, 185.000 Kubikmeter Fels und Gestein bewegt werden. Über 11.000 Kubikmeter Beton wurden verarbeitet. Entgegen der ursprünglichen Kostenkalkulation von 2,5 Millionen Reichsmark waren die Kosten nach Fertigstellung auf 8,1 Millionen Reichsmark angestiegen.

Im Jahr 1927 gewann der aus dem nahe gelegenen Remagen stammende Rudolf Caracciola das erste Autorennen auf dem Nürburgring. Als „grüne Hölle" bezeichnete einmal Jackie Stuart die klassische, 28,6 Kilometer lange Nordschleife und noch immer schwierigste Grand-Prix-Strecke der Welt. Am 1. August 1976 verunglückte Niki Lauda auf diesem Streckenabschnitt schwer. Lange und zeitraubende Wege für die Rettungsfahrzeuge waren der Grund, diesen Abschnitt zumindest für die Formel 1 nicht mehr zu nutzen.

31 Dank an den Kaiser
Hohe Acht und Kaiser-Wilhelm-Turm

Welcher Ort eignet sich besser, seinem Kaiser zu danken, als der höchste Berg der Eifel: die Hohe Acht! Weithin sichtbar thront der steinerne Dank der Bevölkerung des ehemaligen Landkreises Adenau auf dem standhaften Basaltkegel in 747 Metern Höhe.

Dicht bewaldet erhebt sich der tertiäre Vulkan Hohe Acht nahe Adenau und dem Nürburgring. Auf der Kuppe treten deutlich sichtbare Basaltsäulen heraus – der eindeutige Beweis für die Art und Weise seiner Entstehung.

Im Jahr 1905 beschloss der Kreis Adenau (heute Kreis Ahrweiler), auf dem Gipfel der Hohen Acht einen Turm zu errichten. In der entsprechenden Niederschrift heißt es: „Die Bewohnerschaft des Kreises Adenau stiftet mit Unterstützung des Kreises und der Gemeinden als Festgabe zur Feier der Silbernen Hochzeit Sr. Majestät des Kaisers und Königs und ihrer Majestät der Kaiserin und Königin sowie zum Andenken an diesen Freudentag die Errichtung eines Denkmals auf der Hohen Acht zum Gedächtnisse des Großen Heldenkaisers und zur Erinnerung an die ruhmreihe Zeit der Wiedergeburt des Deutschen Vaterlands".

Nachdem sich 14 Architekten mit ihren Entwürfen für den Bau des Denkmals beworben hatten, bekam die Planung mit der besten Lösung in Bezug auf künstlerische Darstellung und Gestaltung, Einbezug heimischen Baumaterials und einfühlsame Anpassung an Umgebung und Natur den Zuschlag.

Allerdings konnte mit dem Bau zu diesem Zeitpunkt noch nicht begonnen werden, da die finanziellen Mittel nicht zur Verfügung standen. Es dauerte noch einige Zeit, bis durch Spenden von Vereinen und Privatleuten oder durch Holzverkäufe der kreisangehörigen Gemeinden Geld zusammenkam. Weil die veranschlagte Summe von 15.000 Mark schließlich noch immer nicht aufgebracht werden konnte, stockte die Kreisverwaltung Adenau ihren Beitrag auf.

Im Frühjahr 1908 begannen zwei Maurermeister aus Adenau mit den Bauarbeiten. Aus einem dem Kreis gehörenden Steinbruch in der Nähe wurde das Baumaterial herbeigeschafft. Ein Jahr später war der Turm fertiggestellt, die Kosten waren inzwischen auf 18.000 Mark angestiegen. Auf einem Grundsockel von 7,50 x 6,00 Metern wurde mit einem Grundmaß von 5,50 x 5,50 Metern der Turmschaft mit unregelmäßig gewachsenen und außergewöhnlich starken Basaltsäulen errichtet. Zwölf Stufen führen zu dem Eingang. Kleine quadratische, im Treppenaufgang Licht spendende Fenster in dem 14 Meter hohen Bauwerk mindern nicht die wuchtige Optik des Gebäudes. Ein achteckiger Aufbau schließt das Bauwerk oben ab. Ein über dem Eingang eingelassenes Bronzerelief zeigt im unteren Drittel das Haupt des Monarchen mit der Inschrift: „Dem großen Kaiser – der Kreis Adenau". Eine weitere Tafel im Innern

Der Kaiser-Wilhelm-Turm auf der Hohen Acht, mit 747 Metern höchster Berg der Eifel.

besagt: „Gestiftet im Jahre der Silbernen Hochzeit des Kaiserpaares 1906“.

Zur festlichen Einweihung waren die Monarchen nicht erschienen. Per Telegramm ließen sie aber allen Beteiligten und Anwesenden für ihre patriotische Gesinnung bestens danken.

Im Zweiten Weltkrieg wies man die Hohe Acht mit dem Turm als militärisches Sperrgebiet aus, weil dort ein Flugsicherungspunkt eingerichtet wurde. Nach einer gründlichen Renovierung, dem Austausch der Treppen im Innern und der Erneuerung der Turmkrone wurden auch die Hinweisschilder des Sperrgebietes demontiert. Der freie Zutritt für Wanderer war wieder gewährleistet.

Als Anfang 2015 die Eisenlager der Treppen deutlich sichtbare Korrosionsschäden zeigten, wurde der im Jahr 1987 unter Denkmalschutz gestellte Turm aus Sicherheitsgründen gesperrt. Seit April 2015 ist er wieder für jedermann zugänglich.

32 Vom Verteidigungsbau zum Kleinod
Die Burgen in der Eifel

Allein die Topografie der Eifel erforderte in früheren Zeiten eine beachtliche Menge an abwechslungsreichen Verteidigungsbauten, von der Höhen- bis zur Wasserburg und zur Stadtbefestigung. Eine Vielzahl unterschiedlicher und sehenswerter Burgen, die einst verteidigungsspezifische Aufgaben erfüllten, kann noch heute als Zeugnis längst vergangener Tage besucht werden.

Die große Anzahl der in der Eifel existierenden Burgen lässt jedem Freund dieser alten und oft romantisch wirkenden Bauwerke das Herz höherschlagen. Sie gehören zum Bild und zur Geschichte dieser Landschaft. Die Angst vor Übergriffen auf das eigene Territorium und die Entschiedenheit, dieses zu verteidigen, bescherten dem Burgenbau seine Blütezeit. Die trutzigen Behausungen adliger Burgherren entstanden an strategisch wichtigen Orten, um in erster Linie über einen Stützpunkt für erforderliche Verteidigungsmaßnahmen oder zum Schutz von Handelswegen zu verfügen. Mauern, Bergfried, Zinnen, Wehrgänge und Türme zur Beobachtung der Umgegend bilden die Hauptbestandteile einer Burg. Ließ die Topografie es zu, wurden natürlich die höher gelegenen Standorte zum Burgenbau ausgewählt. Burgberge zeigten sich damals stets kahl und ohne Bewuchs. Die Bauherren hatten das Holz der Bäume einerseits für Dachstühle, Decken oder Fachwerk verwendet. Andererseits bot ein gerodeter Burgberg eine bessere Sicht und schloss das Ausräuchern der Burg im Belagerungsfall aus.

In der Eifel existiert eine Burg, bei der das Zusammenspiel aus baulicher Eleganz und erforderlicher Verteidigungstechnik eine architektonische Ästhetik erzeugt, dass sie zum Vorzeigeobjekt des Burgenbaus aufstieg. Es handelt sich um die über 850 Jahre alte Burg Eltz im unteren Elztal, die zu Recht ab April 1965 auf dem 500-DM-Schein dargestellt war. Mit Einführung des Euro verlor sie zwar ihren Platz auf dem Papiergeld, behielt jedoch – dank ihrer einzigartigen Lage und märchenhaften Schönheit – ihren herausragenden Platz in vorderster Reihe des Burgenbaus in der Eifel. Burg Eltz ist eine sogenannte Ganerbenburg, also eine „Mehrfamilienburg", die von den gleichen Burgsassen bewohnt und verteidigt wurde, und das alles auf engstem Raum. Aus diesem Grund weist diese Burg mit bis zu sieben Geschossen auch eine ungewöhnliche Ausdehnung nach oben auf. Durch ihre exponierte und strategisch einmalige Position auf einer Felsanhöhe war es ihr vergönnt, sowohl den Dreißigjährigen Krieg (1618–1648) als auch den Pfälzischen Erbfolgekrieg (1688–1697) zu überstehen.

In der nördlichen Eifel gibt es solche Anhöhen wie im südlichen Bereich nicht, sodass dort auch andere bauliche Maßnahmen zur Abwehr von Angriffen getroffen wurden. Hier fanden die nicht minder wehrhaften Wasserburgen ihren Platz, deren erstes Hindernis für den Angreifer der breite Wassergraben war. Dann kam die senkrechte, meterhohe Mauer mit ihren speziellen Verteidigungselementen.

Auch Städte mussten bisweilen so ausgestattet werden, dass sie sich verteidigen konnten. Teilweise erhielten sie ähnliche Anlagen wie eine Burg, wie zum Beispiel in Hillesheim oder Ahrweiler.

Nach der Erfindung des Schwarzpulvers und dem damit einhergehenden Verlust ihrer strategischen Aufgabe wurden die Burgen häufig zu adeligen Wohnsitzen, zu Schlössern, umgebaut, bequemer und wohnlicher gestaltet. Meterdicke Mauern zum Beispiel bei Wohnräumen weisen auf die ehemalige Verteidigungsaufgabe hin.

‹ Schloss Bürresheim im Tal des Nettebachs bei Mayen gilt mit seinem märchenhaften Aussehen als eines der schönsten Schlösser der Eifel.

33 Das große Ohr im Eifelwald
Radioteleskop Effelsberg

Es wirkt schon etwas gespenstisch, wenn plötzlich in der Talmulde nahe Bad Münstereifel das Ungetüm des Radioteleskops Effelsberg im Grün der Wälder erscheint. Wer für eine Weile auf sein Handy verzichten kann, sollte näherkommen und das landschaftsprägende Bauwerk mit seiner eindrucksvollen Technik und Geschichte bestaunen.

Mit einem Durchmesser von 100 Metern zählt das vollbewegliche Radioteleskop bei Effelsberg zu einem der größten der Erde (2. Platz). Auf dem 398 Meter hohen Hühnerberg errichtet, wird es noch von einer Reihe anderer Erhebungen überragt. Der Bauplatz wurde mit Absicht so gewählt, da er eine natürliche Abschottung nach allen Seiten bietet. Dies ermöglicht es, künstliche Radiowellen, die millionen- und sogar milliardenfach stärker sind als die Wellen aus dem All, fernzuhalten und ungewollte Störungen zu vermeiden. Das Max-Planck-Institut für Radioastronomie in Bonn ist federführend an den in Effelsberg durchgeführten Arbeiten und Forschungen beteiligt. Seit Inbetriebnahme wird ständig daran gearbeitet, eine Verbesserung der Technologie zu erreichen, wie zum Beispiel an der Oberfläche der Antenne oder der Entwicklung rauscharmer Elektronik. Hierzu gehört auch, dass ca. 45 Prozent der Anlagenkapazität auswärtigen Astronomen gewährt wird.

Nach einer Bauzeit von drei Jahren wurde das Teleskop 1972 in Dienst gestellt und es zählt noch heute zu den modernsten weltweit. Seine Aufgabe ist die Beobachtung von Sternenentstehungsgebieten, schwarzen Löchern und Kernbereichen ferner Galaxien. Diese Aufgabenstellung hängt eng zusammen mit der Erforschung der Entstehung unserer Erde und des Lebens auf ihr. Das erfolgt weltweit in Zusammenarbeit mit anderen Forschungsinstituten; Ergebnisse werden zusammengetragen und ausgewertet.

In Europa zählt das Radioteleskop Effelsberg zu den leistungsstärksten seiner Art. Es ist in der Lage, Radiowellen aus Entfernungen von bis zu 12 Milliarden Lichtjahren zu empfangen. Die Umrechnung in Kilometer würde eine Zahlenkette von einer kaum vorstellbaren Länge ergeben. Die Oberfläche der Antenne misst 7.850 Quadratmeter. Das bedeutet, dass auch die schwächsten Signale aus großen Entfernungen „eingefangen" werden können. Sind diese erst einmal „eingetroffen", wandeln hochempfindliche Verstärker sie in elektrische Signale um, die dann von Computern ausgewertet werden. Obwohl die Antenne 3.200 Tonnen „auf die Waage" bringt, sind 16 elektrisch angetriebene 10,2 kW-Drehmotoren in der Lage, das ganze Ungetüm in kaum zwölf Minuten einmal um 360 Grad zu drehen. In sechs Minuten kann ein Kippvorgang um 90 Grad erfolgen. Das ganze Gebilde befindet sich auf einem Ringfundament mit einem Durchmesser von 64 Metern.

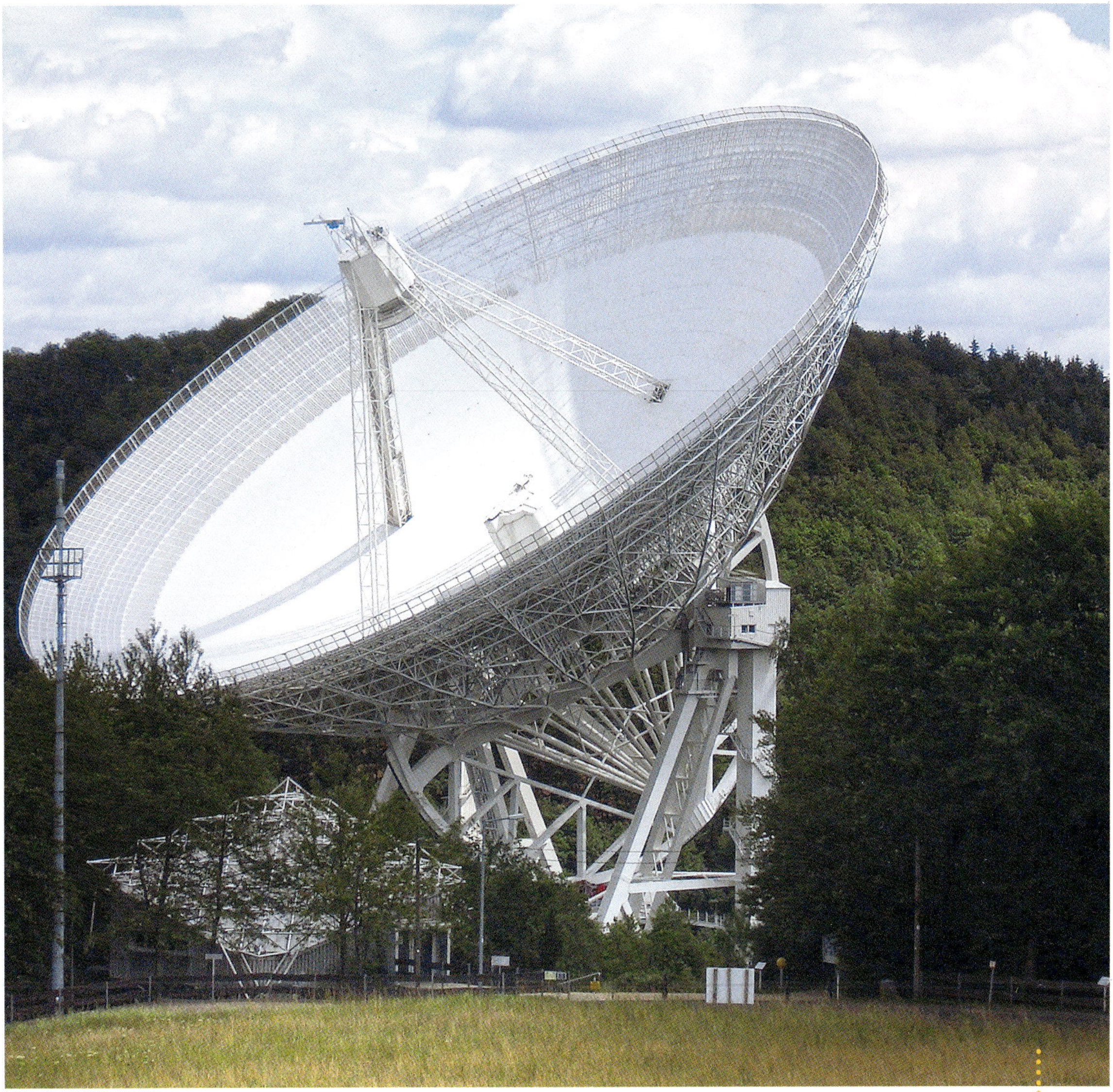

Das Radioteleskop in Effelsberg zählt zu den leistungsstärksten seiner Art in Europa.

Dafür wurden insgesamt 3.500 Tonnen Beton verbaut.

Der Besucherparkplatz liegt ca. 800 Meter von dem technischen Riesen entfernt, da elektronische Impulse der Fahrzeuge das empfindliche System stören und falsche Auswertungen zur Folge haben könnten. Darum ist auch der Betrieb von Mobiltelefonen in diesem Bereich untersagt.

Der Blick nach oben auf den gewaltigen Schirm und die Kenntnis davon, welche Aufgaben er erfüllt, bedeutet einen besonderen Moment. Wenn anschließend das Brummen der Motoren und eine Bewegung einsetzt, ist klar, dass zu diesem Zeitpunkt Impulse aus fernen Galaxien erkannt, verfolgt und eingefangen werden. In diesem Augenblick waren wir dabei.

34 Unterschlupf im Bunker
Der Kalte Krieg als Auftraggeber

Nach dem Zweiten Weltkrieg ersehnten sich alle friedlichere Zeiten. Doch das Säbelrasseln feindlicher Mächte ließ ein Bauwerk entstehen, das als „größtes Geheimnis der Nachkriegsgeschichte" gilt. Die Verantwortlichen auf Regierungsebene in Bonn planten einen Bunker in den Ahr-Weinbergen, in dem die im Krisenfall ausgelagerten Verfassungsorgane ca. 30 Tage hätten überleben können.

Die Sorge über das weitere Vorgehen im Fall eines Atomschlags auf Deutschland war in Bonn groß. Ein sicheres Ausweichquartier sollte entstehen, nicht weit entfernt und schnell erreichbar, sicher und tief unter der Erde. Die beauftragten Planer erinnerten sich an bereits fertiggestellte Tunnel im Ahrgebirge bei Ahrweiler, einst geplant für eine strategische Bahnstrecke in Richtung Westen, die aber nie vollendet wurde. Es standen dort zwei Röhren mit Längen von 1.340 und 1.285 Metern zur Verfügung. Bereits zwischen 1930 und 1939 hatte man diese wegen der konstanten Temperatur zur Champignonzucht zweckentfremdet. Gegen Ende des Zweiten Weltkriegs waren Rüstungsbetriebe darin untergebracht.

Von 1960 bis 1972 wurde die unterirdische Welt im Ahrgebirge zum geheimsten Ort der Bonner Republik. Als die Planungen unter strengster Geheimhaltung abgeschlossen waren, kam die Phase der Ausstattungsarbeiten, natürlich weiterhin streng geheim. Unter dem Decknamen „Rosengarten" wurde die „Dienststelle Marienthal" ausgebaut. Seitlich abgehende Stollen, die zum Teil noch gebohrt oder herausgesprengt werden mussten, hätten hier im Fall eines atomaren Erstschlags Platz für 3.000 Mitglieder der höchsten Staatsorgane geboten. 30 Tage Schutz, Sicherheit und Verpflegung sollten für sie gewährleistet sein. Das setzte natürlich voraus, dass das Leben unter der Erde überwiegend autark ablaufen musste. Trinkwasser, Frischluft und elektrische Energie mussten von der Außenwelt unabhängig sein. Filter und Tiefbrunnen sollten höchste Sicherheit garantieren. Die Funkverbindung nach draußen war über eine Antenne gesichert, die aus Gründen der Tarnung 30 Kilometer entfernt installiert wurde und dort zutage trat. Der ganze Bunker war hinsichtlich Ausstattung und Infrastruktur eine kleine Stadt. Eingänge, stets Schwachpunkte derartiger Anlagen, wurden durch mächtige MAN-Beton-Stahltore gesichert, die einer hohen Druck- und Feuerwelle standgehalten hätten. Trotz ihres Gewichts von je 25 Tonnen konnten diese in Sekundenschnelle undurchdringlich geschlossen werden.

Die Angaben zu den Gesamtkosten des ganzen Projekts schwanken zwischen drei und vier Milliarden DM. Eine finale Summe wurde nie bekannt und bleibt offenbar weiter ein „Staatsgeheimnis".

Licht am Ende des Tunnels: Hier endet der Bereich des als Museum ausgebauten Regierungsbunkers unter dem Ahrgebirge bei Bad Neuenahr-Ahrweiler.

Die Autobahn 61 in unmittelbarer Nähe wurde so gestaltet, dass sie als Start- und Landebahn für Militärflugzeuge nutzbar war: asphaltierter Mittelstreifen, schnell demontierbare Leitplanken, Brücken und Überführungen sind über mehrere Kilometer nicht vorhanden. Ein Wartungs- und Instandsetzungsteam von 180 Personen betreute in der Folge im Drei-Schicht-Betrieb die gesamte Anlage. Auch NATO-Übungen von bis zu 30 Tagen wurden dort regelmäßig abgehalten.

Mit dem Fall der Berliner Mauer endete der Kalte Krieg. Acht Jahre später entschloss sich die Bundesregierung, sich von dem jährlich 20 Millionen DM verschlingenden Objekt zu trennen. Private Investoren zur anderweitigen Nutzung wurden nicht gefunden, weil die Brandschutzauflagen zu umfangreich waren. Der Bunker wurde schließlich mit einem Kostenaufwand von 16 Millionen Euro zurückgebaut, ausgeräumt und versiegelt. 2006 waren die Arbeiten abgeschlossen.

Die Bundesrepublik Deutschland ist weiterhin Eigentümerin der Anlage und hat sich mit einem Zuschuss von 2,5 Millionen Euro an dem 203 Meter langen unterirdischen Museum „Dokumentationsstätte Regierungsbunker" beteiligt. Die Leitung liegt beim Heimatverein Alt Ahrweiler.

35 Der Mann, der ein schnelles Ende wollte
Philipp Freiherr von Boeselager

Mutig und mit einer Schar Gleichgesinnter wollte er Hitlers Treiben ein schnelles Ende setzen. Früh hatte der katholisch erzogene Eifeler Philipp Freiherr von Boeselager erkannt, dass der Nationalsozialismus nichts Gutes bedeutete. Er war einer der letzten Zeitzeugen jener dunklen Epoche der deutschen Geschichte.

Als fünftes von neun Kindern wurde Philipp Freiherr von Boeselager am 6. September 1917 auf dem Stammsitz seiner Familie, der Wasserburg Heimerzheim, geboren. Weil zu seinem Verwandtenkreis Menschen gehörten, die sich mit den damaligen politischen Verhältnissen nicht identifizieren konnten und diese strikt ablehnten, entwickelte er schon in seiner frühen Jugend eine Abneigung gegenüber dem Nationalsozialismus. Zu seinen Vorbildern zählte u. a. der Diplomat Wilhelm Freiherr von Ketteler. Auch Clemens August Graf von Galen, Bischof von Münster, vertrat gleiches Gedankengut und sprach sich öffentlich dafür aus, als Kirche gegen das NS-Regime vorzugehen. Er bezog mutig Stellung gegen die rechtsbrecherischen Maßnahmen und Vorgehensweisen der damaligen Machthaber.

Die katholische Erziehung Philipp von Boeselagers verstärkte seine Einstellung gegenüber dem Nationalsozialismus. Als Schüler am Aloisiuskolleg des Jesuitenordens in Bonn-Bad Godesberg verstand

Die hoch über dem Ahrtal gelegene, imposante Burg Kreuzberg ist noch immer Wohnsitz der Familie von Boeselager.

er bspw. nicht, dass Kruzifixe aus Schulen entfernt werden mussten.

Nach dem Abitur 1936 plante er ein Jurastudium für eine Anstellung im Auswärtigen Dienst. Sein Großvater allerdings riet in diesen Zeiten zur Vorsicht und empfahl seinem Enkel den Eintritt in die Armee. Noch im gleichen Jahr trat Philipp von Boeselager in das Reiterregiment 15 in Paderborn ein und erlangte 1938 den Dienstgrad eines Leutnants.

Sein Leben lang hielt er sich an seinen bereits in der Kindheit geprägten lateinischen Leitspruch: „Etiam si omnes, ego non!" (sinngemäß: „Auch wenn alle mitmachen, ich nicht!"). Er vertrat stets seine eigene Meinung und lehnte es ab, kritik- und willenloser „Mitläufer" in einer politisch manipulierten Menge zu sein, die ungeprüft auf eine Stimme hörte.

Im Jahr 1941 erfuhr Philipp von Boeselager als Ordonanzoffizier erstmals von der systematischen Ermordung von Juden, Sinti und Roma. Bei Begegnungen mit hohen SS- und Parteiführern wurde ihm bewusst, dass es mit seiner ureigensten Überzeugung nicht vereinbar war, wie die NSDAP mit Menschenleben und anderen religiösen Überzeugungen verfuhr. Im Jahr 1942 schloss er sich der Widerstandsgruppe von Henning von Tresckow an. Dieser lockte Hitler zusammen mit Boeselager und anderen Gleichgesinnten am 13. März 1943 unter einem Vorwand in das Hauptquartier der Heeresgruppe Ost. Der Diktator sollte an diesem Tag ermordet werden. Von Boeselager ging direkt hinter ihm und sollte die Tat ausführen. Kurzfristig konnte dieser Plan jedoch nicht vollendet werden. Von Boeselager belastete es noch nach Jahrzehnten, dass es für Sekunden in seiner Hand gelegen hatte, dem Tyrannen ein Ende zu bereiten und Millionen Menschenleben zu retten.

Philipp Freiherr von Boeselager.

Neben Claus Schenk Graf von Stauffenberg war auch Georg von Boeselager, Bruder von Philipp, an einem weiteren Attentat am 20. Juli 1944 beteiligt. Es war der bedeutendste Umsturzversuch des militärischen Widerstands zur Zeit des Nationalsozialismus. Alle hatten wieder den festen Vorsatz, Hitler und seinem wahnsinnigen Vorgehen ein Ende zu bereiten. Philipp von Boeselager hatte besonders zuverlässigen englischen Sprengstoff beschafft, den von Stauffenberg gezielt im Führerhauptquartier Wolfsschanze deponierte. Hitler überlebte die Explosion der „Operation Walküre" allerdings mit nur leichten Blessuren.

Als einer der letzten Zeitzeugen des grausamen nationalsozialistischen Regimes ist Philipp von Boeselager 2008 im Alter von 90 Jahren auf seiner Burg Kreuzberg an der Ahr verstorben.

36 Erst der Wein, dann das Wasser
Bad-Prädikat für Neuenahr

Im 19. Jahrhundert kam der erfolgreiche Weinbau östlich von Neuenahr teilweise zum Erliegen. Das Übel, das neu gesetzte Rebstöcke eingehen ließ, kam aus dem Boden und war vulkanischen Ursprungs. Die Geschichte, in deren Verlauf auch der Name eines Heiligen überregionale Bekanntheit erlangte, erfuhr jedoch eine überraschende Wendung.

Schon lange wurde im Ahrtal mit Erfolg Wein angebaut. Um die Mitte des 19. Jahrhunderts allerdings musste der Weinbergbesitzer Kreuzberg eines Tages feststellen, dass in einem seiner neu angelegten Wingerte die jungen Weinstöcke nicht mehr so gedeihen wollten wie üblich. Sie wuchsen nicht so wie andernorts die Stecklinge im Ahrtal. Und es dauerte nicht lange, da waren sie allesamt verkümmert, eingegangen und nicht mehr brauchbar. Kreuzberg pflanzte mehrmals neue Weinstöcke. Aber diesen Pflanzungen erging es ebenso. Wenig später waren alle Stecklinge unbrauchbar geworden. Nach derartigen Verlusten wollte Kreuzberg nicht mehr in diesem Bereich investieren. Zunächst galt es herauszufinden, was den Weinsetzlingen so schadete. Dabei konnte schnell ausgeschlossen werden, dass Ungeziefer für das Absterben der Setzlinge verantwortlich war. Dann vermutete Kreuzberg, dass mit der Bodenbeschaffenheit etwas nicht stimmte. Er beauftragte deshalb an dieser Stelle eine geologische Untersuchung. Tatsächlich stellten die Experten aus Bonn auf dem Acker starke Kohlensäureaustritte fest, die den Stecklingen ein gesundes Gedeihen verwehrten. Um Abhilfe zu schaffen, ließ Kreuzberg das zutage tretende Kohlensäuregas durch einen Stollen und einen Schacht ableiten. In der Hoffnung, das Problem durch diese Maßnahme gelöst zu haben, ließ er die Angelegenheit erst einmal auf sich beruhen, wartete ab. Ihm war bekannt, dass in der Nachbarschaft ebenfalls Mineralquellen vorhanden waren, die allerdings keinen Schaden anrichteten.

Nach mehreren Grabungen und Bohrungen stieß Kreuzberg im Frühjahr 1852 auf eine ergiebige Mineralwasserquelle. Sorgfältig ließ er die Quelle fassen, um das Vermischen und Verunreinigen durch zufließendes Oberflächenwasser zu verhindern. Diese nutzte er nun wirtschaftlich, da er an dieser Stelle schließlich keinen Erfolg mehr mit dem Weinanbau hatte. Und weil die Quelle ganz in der Nähe eines Bildstocks des heiligen Apollinaris entdeckt wurde, vergab die Bevölkerung sehr bald den Namen „Apollinaris-Brunnen“. Angespornt von seinem Erfolg, wandte sich Kreuzberg alsbald mehr dem Wasser als dem Wein zu. Er ließ weitere Bohrungen in der Umgebung durchführen, um neue Mineralwasservorkommen aufzuspüren, was ihm auch erfolgreich gelang. Im Jahr 1857 stieß er auf zwei dicht beieinander liegende warme Quellen in einer Tiefe bis zu 30 Metern. Diese ließ er

Der Winzer Georg Kreuzberg, Entdecker des Neuenahrer Wassers und Begründer des Kurbades Bad Neuenahr, hat einen Platz im dortigen Kurpark.

zusammenfassen. Noch im gleichen Jahr wurden Brunnenanlagen errichtet, um ein rationelles Abfüllen und den Vertrieb des Wassers zu ermöglichen. Jetzt war die Grundlage geschaffen für das Kurbad Neuenahr, das bereits am 28. Juli 1858 seiner Bestimmung übergeben werden konnte.

Es wird wieder einmal deutlich, dass auch hier erst der Umweg über Niederlagen und Misserfolge zu einem positiven Ergebnis führte, das bis heute anhält.

37 365 Tage Vergangenheit erleben
Rheinisches Freilichtmuseum Kommern

Wo lässt sich die Geschichte am besten für die Zukunft bewahren? Natürlich in einem Museum. Dass die Zeiten der Vitrinen-Besuche vorbei sind, zeigt das LVR-Freilichtmuseum in Mechernich-Kommern. Hier lebt die Vergangenheit!

Ein sorgenfreies Leben der Landbevölkerung in der Eifel war über lange Zeiten hinweg nicht vorstellbar. Die tägliche harte Arbeit stand im Vordergrund, Kinder wurden aufgezogen, Haus und Hof gehütet und von Generation zu Generation weitergegeben. Mit Unwettern und Missernten mussten die Menschen leben.

Wer kann sich in unserer heutigen Überflussgesellschaft vorstellen, wie es früher wirklich einmal war?

Dieses Lebensgefühl vergangener Tage zu vermitteln hat sich das Freilichtmuseum Kommern unter der Trägerschaft des Landschaftsverbands Rheinland als Aufgabe gestellt. Bereits 1958 wurde das Museum gegründet und am 20. Juli 1961 eröffnet. Gerade im richtigen Moment, denn durch den Strukturwandel und die Technisierung in der Landwirtschaft verloren viele Altbauten ihre Funktion. Aber auch Straßenneubauten oder Erweiterungen nagten am alten Baubestand. Dank des Museums konnten erhaltenswerte und jahrhundertealte Fachwerkgehöfte vor den Baggern des nordrheinwestfälischen Braunkohletagebaus gerettet werden. Balken für Balken, Stein für Stein, alles nummeriert und notiert, wurden von qualifizierten Handwerkern abgetragen und nach dem Abtransport im Museum in Kommern wiederaufgebaut und eingerichtet. Gleichartige Objekte vom Mittel- und Niederrhein, aus dem Bergischen Land, aus Eifel und Voreifel haben eine neue Bestimmung bekommen. Das Einzugsgebiet und der Darstellungsbereich des Museums ist die im Jahr 1822 vom Königreich Preußen errichtete „Rheinprovinz". Das bedeutet nicht nur den heutigen Landesteil Nordrhein, auch der nördliche Teil von Rheinland-Pfalz bis zur Mosel (also der südlichen Grenze der Eifel) und bis zur Lahn gehörte dazu, ebenso der nassauische Teil des Westerwaldes.

Heute beheimatet das Museum auf einem abwechslungsreichen, zum Teil hügeligen Gelände und auf einer weitläufigen Freifläche von über 95 Hektar in vier Baugruppen mehr als 70 Gebäude. Diese Baugruppen, durch Waldflächen voneinander getrennt, entsprechen zugleich den vier Regionen des Rheinlands. Eine größere Anzahl von Gebäuden wird noch an sicheren Stellen aufbewahrt und wartet auf den Wiederaufbau.

Was hier zu sehen ist, lässt keine Langeweile aufkommen. Der Besucher kehrt zurück in eine Zeit der alten Bauernhöfe, Wind- und Wassermühlen, Schul- und Backhäuser, Schmieden, Kapellen und Werkstätten, in denen er das Handwerk noch direkt miterleben darf. Hier findet jede Frage eine Antwort durch einen kompetenten Handwerker oder Museumsmitarbeiter. In manchen Häusern flackert ein warmes Kaminfeuer, Bauerngärten werden sorgsam gepflegt, Obst und Gemüse geerntet. Gekocht wird wie früher auf einem Herd, um den zahlreichen Mitarbeitern des Museums auf dem Gelände ein Mittagessen zu reichen. Sogar Tierarten wurden zurückgezüchtet und leben hier auf Weiden und in Ställen. Museumspädagogik wird im Freilichtmuseum großgeschrieben. Kinder und Jugendliche werden spielerisch in Veranstaltungen und Aktionen einbezogen. Mitmachen und erleben heißt es in zahlreichen Kursen und Projekten, um hautnah an das Leben unserer Vorfahren herangeführt zu werden. Dauerausstellungen in neu errichteten Museumsgebäuden ergänzen das umfangreiche Lern- und Erlebnisprogramm – und das an 365 Tagen im Jahr.

‹ Im Freilichtmuseum Mechernich-Kommern des Landschaftsverbands Rheinland (LVR) wird Geschichte noch gelebt und anschaulich vermittelt.

38 So ein Theater!
Laienschauspiel in Schuld an der Ahr

Theater von Menschen für Menschen, um Abwechslung in den Alltag zu bringen, gibt es schon lange in Schuld. Eine anspruchsvolle Bühne von Laien – das ist eine Rarität. In dem idyllischen Ort an der Ahr wird dies seit der Nachkriegszeit gelebt.

Nicht nur in Schuld an der Ahr war die Nachkriegszeit sprichwörtlich schuld daran, dass Menschen keine Abwechslung im harten Alltagsleben fanden. Zu weit entfernt waren die größeren Städte, in denen zwar noch spärlich, aber dennoch regelmäßig Unterhaltung und kulturelle Veranstaltungen geboten wurden. Die erst im Aufbau befindliche Infrastruktur machte zum Beispiel eine Fahrt nach Köln zu einer langen Reise. Daher überlegten die Bürger von Schuld, wie sie dem Defizit des kulturellen Angebots entgegentreten könnten.

Im Jahr 1948 beschlossen die Schulder, eine Theatergruppe zu gründen. Dabei sollten nur eigene Kräfte eingesetzt werden, denn es durfte ja nicht viel kosten. Und jeder aus dem Ort konnte mitmachen, was den Zusammenhalt in der Nachkriegszeit zudem fördern sollte. Weil der Bau eines „Festspielhauses" nicht möglich war, stellte die katholische Kirche eine größere, ebene Fläche oberhalb des Ortes neben der Schornkapelle als Theaterplatz zur Verfügung. Zunächst sollte dort probeweise gespielt und ausprobiert werden, ob dieser Zeitvertreib in der geplanten Art überhaupt angenommen würde. Diejenigen, die sich berufen fühlten, die „Bretter, die die Welt bedeuten" zu betreten, erhielten jetzt ihre große Chance. Es begann mit einem Schritt ins Ungewisse.

Die Laien lernten und probten, weil sie sich schließlich von ihrer besten Seite zeigen wollten. Zuerst reichten noch einige Bankreihen und eine kleine Bühne, um vor dem neugierigen, heimischen Publikum aufzutreten, das nicht weniger aufgeregt war als die Akteure. Das erste präsentierte Stück war „Genoveva". „Jedermann" und „Wilhelm Tell" begeisterten danach nicht nur das Publikum, sondern auch die Schauspieler selbst. Es war Ansporn für sie, noch besser zu werden. Auch Menschen, die vorher nicht einmal im Traum daran gedacht hatten, eine Bühne zu betreten, wurden mit der Spielfreude angesteckt. Es ging keinem um Gewinne, sondern nur um Abwechslung und die Festigung der Dorfgemeinschaft. Das zeigt auch die Tatsache, dass anfangs der Eintritt von denjenigen, die nicht über das nötige Kleingeld verfügten, in Naturalien entrichtet werden konnte. Diese wurden dann wiederum zum Tausch für Stoffe genutzt, aus denen in Heimarbeit neue Kostüme oder Dekorationen entstanden. Zur Theatergemeinschaft zählten auch die Personen, die im Hintergrund arbeiteten und selbst das Rampenlicht scheuten. Ganze Familien mit Kindern waren auf der Bühne oder

Neben der Schornkapelle (Bild) stellte die katholische Kirche eine Fläche zur Verfügung, die fortan als Theaterplatz genutzt werden konnte.

im Hintergrund tätig. Eigenleistung bei Auf- und Umbau oder bei Reparaturen sind noch heute eine Selbstverständlichkeit. So wurde von 1998 bis 2000 ein Gebäude errichtet, in dem Proben stattfinden können, Kulissen, Utensilien und Kostüme aufbewahrt werden.

Auch das jüngere Publikum liebt diese Bühne. Aus Film- und Fernsehproduktionen bekannte Stücke finden regelmäßig auf der Schulder Bühne ihren Platz. „Max und Moritz", „Pippi Langstrumpf", das „Dschungelbuch" und viele andere Geschichten konnten die Kleinsten so einmal aus einer anderen, näheren Perspektive erleben.

Die 600 zur Verfügung stehenden Plätze haben seit 2018 eine neue Überdachung. Gespielt wird bei jedem Wetter während der Sommermonate.

39 Im Tal der roten Trauben
Erster deutscher Weinwanderweg

Weinkennern wird das nördlichste zusammenhängende Rotweinanbaugebiet Deutschlands bekannt sein: das Tal der roten Trauben zwischen Altenahr und Sinzig-Bad Bodendorf. Wer mehr über den Weinanbau und das fertige Produkt wissen möchte, ist auf dem Rotweinwanderweg genau richtig.

Der 1972 als erster deutscher Weinwanderweg eröffnete Rotweinwanderweg beginnt in Altenahr, direkt an der 113 Meter hoch liegenden Burg Are, und endet nach 35 Kilometern in Sinzig-Bad Bodendorf. Aufgeteilt ist die Strecke in elf Etappen. Die kürzeste beträgt 1,1, die längste vier Kilometer.

Schon immer existierten Wirtschafts- und Verbindungswege in den Weinbergen, die die Winzer das ganze Jahr über nutzten. Auch Wanderer nahmen diese in Anspruch. Die Einrichtung des Rotweinwanderweges (RWW) sollte dazu beitragen, die Weinberglagen des gesamten Anbaugebietes ununterbrochen durchwandern zu können, auf Bänken oder in kleinen Unterständen Rast zu machen und vor allem den Winzern bei der Arbeit zuzusehen. Zusätzlich vermitteln entsprechende Hinweistafeln Informationen über die Rebsorten, die Bodenart und die erforderlichen Arbeit im Weinberg, die eben nicht nur aus der Lese im Herbst besteht.

Den Planern und Initiatoren dieses in den vergangenen Jahrzehnten immer beliebter gewordenen Wanderweges, auf dem man nicht nur viel sieht, sondern auch eine Menge lernt, war es wichtig, vom Hauptweg auch kurze Verbindungswege zu den jeweils darunter liegenden Orten auszuweisen. Nach dem theoretischen Teil, sozusagen der Pflicht, soll der Wanderer zur Kür übergehen und die Verkostung der Ergebnisse von den Hängen in Winzerlokalen genießen können.

Der überwiegende Teil der Ahrtal-Weinberge ist nach Süden ausgerichtet, um tagsüber die zur Reifung der Trauben unerlässliche Sonne vom Frühsommer bis zum Herbst aufzunehmen. Somit verläuft auch der RWW auf der Sonnenseite auf mittlerer Höhe. Die typische Kennzeichnung erfolgt auf Hinweisschildern als rote Traube auf weißem Grund. Dieses Logo kann aber auch auf den glatten Flächen der Trockenmauern aus Grauwacke aufgetragen sein.

Das Logo des ersten deutschen Weinwanderweges im Tal der roten Trauben führt seit 1972 jeden Wanderer sicher ans Ziel.

Dernau ist einer der Weinorte an der Ahr, der durch sein jährliches Weinfest und die TV-Übertragung über die Grenzen hinaus Bekanntheit erlangt hat.

Der vulkanische Untergrund speichert die Tageswärme und hält somit die Temperaturen nachts auf einem Niveau, das nicht so sehr absinkt. Das fast schon als mediterran zu bezeichnende Klima kommt den Rebstöcken und ihren Früchten zugute und führt zu ihrer hohen und beliebten Qualität.

Jeder der Orte, die unten im wildromantischen Ahrtal liegen, wie Mayschoss, Rech, Dernau, Walporzheim, Ahrweiler, verfügt über einen Bahnhaltepunkt, sodass der jeweilige Ausgangspunkt der Wanderung jederzeit verkehrs- und umweltfreundlich mit der Ahrtalbahn erreicht werden kann. Das ist auch gut so, denn es dürfte auf der Wanderung nicht bei einer einzigen Probe bleiben.

Das „Weinbaugebiet Ahr" ist mit knapp 560 Hektar im Vergleich zu anderen Gebieten klein. Es ist aber das größte zusammenhänge Anbaugebiet für Rotwein und zählt zu den 13 Qualitätsweinbaugebieten in Deutschland. Die überwiegend angebaute Sorte an der Ahr ist der Spätburgunder. Bereits der fünfte Deutsche Bundespräsident, Karl Carstens, der das Wandern in seiner Heimat liebte und deshalb oft „Wanderpräsident" genannt wurde, war sehr häufig auf dem RWW unterwegs und genoss das wildromantische Ahrtal mit seinen zerklüfteten Felsformationen und den dazu im Kontrast stehenden, weiten, vor allem im Herbst bunt gefärbten Weinanbauflächen.

40 Dampfzüge und Kunstliebhaber
Treffpunkt Bahnhof Rolandseck

Wo der Grenzverlauf der Eifel nach Nordwesten abschwenkt, begegnen wir am Rheinufer einer historischen Stätte in neuem Glanz, dem 1855/56 erbauten Bahnhof Rolandseck. Das prächtige klassizistische Gebäude, das in den 1960ern als Treffpunkt der Kunstszene bekannt wurde, beeindruckt seit 2007 als Eingang und Teil des faszinierenden Arp Museums.

Die private Rheinische Eisenbahngesellschaft plante 1837 eine Schienenverbindung zwischen Köln und Bonn und legte damit den Grundstein für die spätere Erschließung des Rheintals. 1844 erhöhte sie ihr Kapital für eine Streckenverlängerung, die im Jahr 1854 bis Rolandseck bewilligt wurde. Am 21. Januar 1856 wurde der Bahnhof Rolandseck als vorläufige Endstation und Umsteigebahnhof festlich eröffnet. Dampfschiffe am nahe gelegenen Rheinufer übernahmen die Weiterfahrt rheinaufwärts.

Skulptur vor dem Arp Museum in Rolandseck: „Bewegtes Tanzgeschmeide", 1960–1970 von Hans Arp.

Schnell entwickelte sich der Bahnhof Rolandseck zu einem beliebten Ausflugsziel. Der große Saal mit Stuckornamenten und Kronleuchtern war von Anfang an ein beliebter Treffpunkt der Gesellschaft. So gehörten zu den Gästen Kaiser Wilhelm II. und Reichskanzler Bismarck. Auch die Brüder Grimm, Karl Simrock, Ludwig Uhland und Heinrich Heine gaben sich hier ein Stelldichein. Konzerte von Clara Schumann, Franz Liszt und Johannes Brahms blieben unvergesslich. Zu diesem Reigen gesellten sich Königin Viktoria von England, Prinzessin Carmen Sylva und George Bernard Shaw.

Nach dem Zweiten Weltkrieg wurde die Bewirtschaftung des Bahnhofs eingestellt. Die Bundesbahndirektion plante sogar den Abriss, nur ein kleines Gebäude zum Fahrkartenverkauf sollte noch verbleiben. Als sich der Abriss verzögerte, setzte sich der deutsche Galerist und Kunstsammler Johannes Wasmuth 1964 für den Erhalt des Bahnhofs ein. Er wollte das künstlerische Schaffen und den regen Austausch hier wiederaufleben lassen. Es gelang ihm tatsächlich, das Gebäude mit

Der Bahnhof Rolandseck mit dem Neubau des Arp Museums im Hintergrund. Beide Bauteile sind durch einen Tunnel verbunden und bilden eine Einheit.

Ideen und Engagement erneut zu einem Mittelpunkt des kulturellen Lebens zu machen. Die Namen Kokoschka, Yehudi Menuhin, Hans Arp, Martin Walser und Marcel Marceau sprechen für sich und die Bedeutung dieses Zentrums. Helmut Kohl, damals Ministerpräsident von Rheinland-Pfalz, garantierte 1969 den Erhalt des Bahnhofs als künstlerisch-gesellschaftlichen Mittelpunkt. Durch die Gründung der „Stiftung Bahnhof Rolandseck" im Jahr 1973 erwarb das Land Rheinland-Pfalz das Gebäude und sicherte so die Finanzierung für den weiteren Betrieb und die Unterhaltskosten. Es erfolgten Umbau- und Renovierungsarbeiten und seit September 2007 dient der Bahnhof als Eingangsbereich des Arp Museums, das oberhalb nach den Plänen des bekannten New Yorker Architekten Richard Meier errichtet wurde. Der Neubau im Hang und der klassizistische Bahnhof stehen als bauliches Ensemble in einem architektonisch harmonischen Einklang.

Insgesamt gibt es vier Ausstellungsebenen für wechselnde Exponate. Im Zentrum steht die Kunst von Hans Arp und Sophie Taeuber-Arp, nach denen das Museum benannt ist. In Sonderausstellungen werden Skulpturen und Malereien zeitgenössischer Künstler gezeigt.

Ein sommerliches Kammermusikfestival mit bekannten Ensembles und Solisten ist sehr beliebt. Ferner werden Lesungen prominenter Autoren abgehalten. Darüber hinaus präsentiert das Museum Gemälde vom Mittelalter bis in die Moderne.

Es ist gelungen, ein einst schimmerndes Juwel aus der Zeit der Rheinromantik zu retten. Zugleich wurde ein Platz geschaffen, Kunst in noch umfangreicherer Form einem interessierten Publikum auf Dauer zuzuführen.

41 Mahnmal für den Frieden
Die Brücke von Remagen

Als die Römer vor gut 2.000 Jahren aus militärischen Gründen das Kastell „rigomagus“ errichteten, lag der kriegerische Anlass, aufgrund dessen diese Ansiedlung einen Platz in der Geschichte einnehmen würde, noch in weiter Ferne. Historie und Gegenwart treffen hier zusammen.

Die heutige Stadt Remagen liegt an der äußersten östlichen Grenze der Eifel am linken Ufer des Rheins. Viele Touristen besuchen hier die im neugotischen Stil erbaute Apollinaris-Kirche auf der gleichnamigen Anhöhe. Nur wenige wissen, dass es die Heimatstadt des früheren Rennfahrers Rudolf Caracciola ist. Remagen hatte aber auch eine sehr bekannte Brücke, die in den letzten Tagen des Zweiten Weltkriegs eine besondere Schlüsselstellung einnahm. In der Endphase des Krieges sollte die zweigleisige Eisenbahnbrücke von der Wehrmacht gesprengt werden, um den Vormarsch der Alliierten zu verhindern. Die zu geringe Menge des verwendeten Sprengstoffs hob das Bauwerk lediglich aus seinen Lagern, die erwünschte Zerstörung blieb aus. Der Vorstoß der Alliierten Truppenverbände in Richtung Ruhrgebiet blieb erst einmal bestehen und die Brücke wurde genutzt. Weitere Sprengversuche waren „erforderlich“, bis die Brücke am 17. März 1945 einstürzte.

Nach Kriegsende plante die Bahn, die Brücke wieder aufzubauen und die vorhandene Trasse für den Verkehr zu nutzen. Die Auffahrrampen waren vorhanden, der Tunnel durch die Erpeler Ley intakt. Als dann aber die Elektrifizierung der Bahnstrecken auf beiden Seiten des Rheins erfolgte, verschwanden die ursprünglichen Pläne der Rheinüberquerung erst einmal in den Schubladen. Noch vorhandene Gleise wurden demontiert, die beiden Strompfeiler wegen des erhöhten Schifffahrtsaufkommens im Jahr 1976 gesprengt, die Fahrrinne erweitert. Jetzt erinnerten nur noch die beiden Doppelbrückenköpfe auf Remagener und Erpeler Seite an die einstige Ludendorff-Brücke.

Man suchte nach einer sinnvollen Verwendung, jedenfalls auf Remagener Seite. Der ehemalige Bürgermeister von Remagen, Peter Kürten, hatte die Idee, in den Pfeilern eine Gedenk- und Mahnstätte für den Frieden einzurichten und nachfolgenden Generationen eine Dokumentation über die Vorgänge im März 1945 zu geben. Es folgten Verhandlungen mit der Bahn, die nach sieben Jahren mit der Übergabe des Geländes an die Stadt Remagen endeten. Der erste entscheidende Schritt war getan, das angestrebte Ziel noch weit entfernt. Wie so häufig fehlten die Gelder, um die Planungen auszuführen. Versuche, offizielle Stellen für den Plan zu begeistern, blieben erfolglos. Der Bürgermeister gab nicht auf, bis sich dank einer weiteren genialen Idee Tür und Tor für die Verwirklichung seines Vorhabens öffneten. Noch lagerten riesige Steinmengen der abgetragenen Flusspfeiler unbeachtet

Ein schicksalsreicher und historisch bedeutender Ort: die Brücke von Remagen. Hier gab es erbitterte und verlustreiche Kämpfe um die Querung des Rheins.

und ungenutzt am Remagener Rheinufer. In entsprechend kleine, handliche Teile zerlegt, wurden sie in Gießharz präpariert und mit einem Echtheitszertifikat versehen. Ab März 1978 gingen diese kleinen, aber geschichtsträchtigen Produkte in den Verkauf, der schon nach kurzer Zeit 100.000 DM bescherte. Es ging voran.

Nach entsprechend museumsgemäßer Ausgestaltung der Türme konnte die Gedenkstätte Friedensmuseum zwei Jahre später eröffnet werden. Auf einer Tafel an einem der Pfeiler heißt es: „Für den Krieg gebaut, im Krieg zerstört sollen die Trümmer immer mahnen".

Seit der Eröffnung haben bereits Hunderttausende die Stätte besucht, darunter auch Angehörige amerikanischer, belgischer und englischer Soldaten, die die letzten Tage der Brücke miterlebt hatten.

42 Kühlschränke der Natur
Die Bierbrauerstadt Mendig

Mitte des 19. Jahrhunderts stieg Mendig zum Bierbrauerzentrum auf. Zu verdanken war dies den Römern. Deren lange zurückliegender Abbau unterirdischer Basaltvorkommen leistete eine wertvolle Vorarbeit für die Lagerung der später dort erzeugten Brauereiprodukte.

Die klugen Römer erkannten sofort, dass der durch vulkanische Tätigkeit vor Millionen Jahren geschaffene Basalt ein hervorragendes Gestein für die Herstellung von Mühlsteinen war. Es war so robust, dass es kaum einem Verschleiß

unterlag und daher lange genutzt werden konnte. Südlich des Laacher Sees lag das Gestein allerdings nicht frei zugänglich an der Erdoberfläche, sondern war mit einer Schicht von mindestens 30 Metern Auswurfschlacken überdeckt, herrührend vom „Ausbruch des Laacher Sees". Darauf hatten sich im Laufe der Jahrtausende Löß und Humus abgelagert. Diese Deckschicht abzutragen, um an das begehrte Gestein zu gelangen, war den Römern zu aufwendig. Sie entschieden sich für den Abbau unter Tage. Dadurch entstanden große Hohlräume, hoch wie Hallen, mit einer konstanten Temperatur, die von außen nicht beeinflusst werden konnte. Die Gefahr des Einsturzes bestand nicht. Die fest aneinander gefügten und miteinander verbundenen Basaltsäulen garantierten höchste Stabilität.

Die Römer zogen sich viereinhalb Jahrhunderten später zurück, die gewaltigen Hohlräume blieben. Noch bis ins 19. Jahrhundert führten die Menschen in Mendig, bereits 1041 unter dem Namen „menedich" urkundlich erwähnt, den unterirdischen Abbau der großzügigen Gabe der Natur weiter. So entstand das größte Basaltlava-Bergwerk der Welt. Eines Tages war der Bedarf an dem Gestein gedeckt, weil es im Zuge der Technisierung durch ein anderes Material verdrängt wurde. Leistungsstarke Mahlwerke aus Metall machten den Basaltstein nun überflüssig. Die unterirdische und schwere Arbeit war beendet, die kathedralenhohen Hohlräume blieben. Die Tatsache, dass während der vier Jahreszeiten die Temperaturen gänzlich ohne Beeinflussung durch Wind und Wetter immer einen Wert zwischen plus 5 und 8 Grad Celsius aufwiesen, ließ die Menschen wieder in den Untergrund zurückkehren, um diesen zu nutzen. Zwar gab es bereits die Möglichkeit, Lebensmittel im Sommer zu kühlen und sie länger frisch und genießbar zu halten, doch diese Art war sehr aufwendig. Das aus zugefrorenen Seen herausgesägte Eis wurde in Kellern, Nischen oder Höhlen aufbewahrt. Nur die Haltbarkeit war je nach Sommertemperatur begrenzt und nicht längerfristig kalkulierbar. Ab 1843 wurden die Basaltgewölbe bei Mendig als Gär- und Lagerkeller für Bier genutzt. Schnell sprach sich die Möglichkeit dieser günstigen Art, Waren zu kühlen, auch bei weiter entfernt ansässigen Brauereien herum. Eine große Anzahl Braubetriebe verlegte den Produktionssitz nach Mendig. Schließlich waren es 28 Brauereien, sodass der Ort schnell die Bezeichnung „Stadt der Bierbrauer" erlangte.

In der zweiten Hälfte des 19. Jahrhunderts entwickelte Carl von Linde elektrisch betriebene Kühltechnik. Die Brauereien zogen sich in der Folge nach und nach aus Mendig zurück, zu neuen oder zu den vorherigen Standorten. Die Nähe zum Verbraucher verkürzte die Versandwege.

Heute ist es nur noch ein Bierhersteller, der dem Standort Mendig die Treue gehalten hat. Zutreffend trägt dieser den Namen Vulkan-Brauerei. Unter den Gebäuden liegt der tiefste Bierkeller der Welt. Ein Besuch ist beeindruckend und empfehlenswert, zumal man beim Abstieg dem Erdmittelpunkt 32 Meter näherkommt.

‹ Konstante Temperaturen standen für die Nutzung der unterirdischen Keller in Mendig im Vordergrund, bis Carl von Linde eine neue Kühltechnik entwickelte und die Gewölbe nicht mehr gebraucht wurden.

43 Blickfang in den Weinbergen
Die Ahrweiler Schwurfinger

Manchmal findet die Bevölkerung sehr zügig Namen für Gebäude, Ruinen oder Landmarken, die ein markantes Aussehen haben. Die vergebenen Bezeichnungen lassen dabei nicht immer auf die ursprüngliche Bedeutung der Bauten schließen, wie seltsam anmutende Relikte in einem Seitental der Ahr bei Ahrweiler zeigen.

Die Anfänge lagen bereits im Jahr 1910 und galten als Vorbereitung auf den nächsten Krieg gegen Frankreich. Im Herbst jenes Jahres erfolgte die Grundsteinlegung für das Projekt. Im Adenbachtal, links der Ahr bei Ahrweiler, erheben sich noch heute die in Beton gegossenen, bis zu 35 Meter hohen Pfeiler in einer Form, wie man sie anderswo nicht findet. Hier sollte einst ein 150 Meter breiter Talabschnitt für eine strategische Bahnlinie überbrückt werden.

Fundamente bis zu einer Tiefe von zehn Metern im harten, felsigen Untergrund sollten die erforderliche Stabilität für das geplante Bauwerk garantieren, auf dem später tonnenschwere, mit Erz und Kriegsmaterial beladene Waggons rollen sollten. Auf einer Tafel an einem der verbliebenen Pfeiler wird der Sinn und Zweck dieses Bauwerks kurz erklärt. Es ist Geschichte, die weit zurückliegt.

Die grauen Betonpfeiler sind Relikte eines Viadukts der nie fertiggestellten Bahnlinie von Liblar (heute Erftstadt) nach Trier. Die Bahnstrecke war als Erztransportweg zwischen dem lothringischen Minette und dem Ruhrgebiet geplant und sollte im Falle eines Kriegsausbruchs als Aufmarsch- und Nachschublinie im Rahmen des Schlieffen-Plans eine schnelle Offensive an der Westfront ermöglichen. Nach deren Beendigung hätten mehr Truppen gegen Russland zur Verfügung gestanden, vor allem hätten sich die Truppen des Deutschen Reichs nur noch auf eine Front konzentrieren müssen. Ein gleichzeitiger und gefürchteter Zweifrontenkrieg wäre ausgeschlossen worden.

Bereits nach Ausbruch des Ersten Weltkriegs im Juli 1914 zeigte sich, dass der Schlieffen-Plan nicht die erhofften Erfolge bringen konnte. Bei der Schlacht an der Marne trafen die Truppen des Deutschen Reichs auf den Widerstand der Truppen von Frankreich, Großbritannien und Russland, der sogenannten Triple Entente. Ein erhebliches militärisches Gegengewicht an der Westfront zwang die Truppen des Deutschen Reichs jetzt zu einem Krieg an zwei Fronten, was Schlieffen mit seiner Planung eigentlich hatte verhindern wollen.

1919 wurde im Versailler Vertrag der zweigleisige Weiterbau der begonnenen Bahnstrecke untersagt. Daher war die einst geplante Breite für zwei Schienenbänder nebeneinander hinfällig, sodass sich die Pfeiler für eine umgeplante, zukünftig eingleisige Streckenführung nach oben verjüngen konnten. So kam die heute noch sichtbare einzigartige Form zustande. Im Jahr 1924 allerdings

Skurrile Betongebilde ragen aus den Weinanbauflächen über Ahrweiler empor. Einheimische nennen die Relikte einer nie fertiggestellten strategischen Bahnstrecke Schwurfinger oder Stimmgabeln.

wurde der Bau endgültig eingestellt, die begonnene Adenbachtal-Querung aufgegeben. Die Erzfrachten aus dem wieder französisch gewordenen Elsaß-Lothringen waren ohnehin eingestellt. Die dem Zahn der Zeit tapfer trotzenden Reste eines strategischen Planes aus der ersten Hälfte des 20. Jahrhunderts erheben sich hoch über Ahrweiler, umgeben von Weinanbauflächen und gekreuzt vom Rotweinwanderweg. Werden Einheimische von Besuchern nach der Bewandtnis der Bauten in den Weinbergen gefragt, sagt der eine, es seien die Ahrweiler „Schwurfinger", andere bezeichnen sie als „Stimmgabeln", je nachdem, welcher Begriff sich bei ihnen zuerst eingeprägt hat.

44 Zufluchtsort des späteren Kanzlers
Die Benediktinerabtei Maria Laach

Das idyllisch am Westufer des Laacher Sees gelegene Benediktinerkloster Maria Laach blickt seit seiner Gründung 1093 auf eine lange Geschichte zurück. Ob ein ganz besonderer Gast später die Geschicke der jungen deutschen Republik hätte lenken können, wäre er nicht in den gefährlichen 1930er-Jahren in dem Kloster untergetaucht, ist fraglich.

Konrad Adenauer, erster Bundeskanzler der Bundesrepublik Deutschland, hatte eine besondere Beziehung und Verbindung zum Kloster Maria Laach. Nach der Machtergreifung Hitlers 1933 wurde er als Oberbürgermeister von Köln seines Amtes enthoben und musste die Stadt auf schnellstem Wege verlassen. Er durfte sie nicht mehr betreten. Doch wohin in aller Eile? Wo konnte er sicheren Unterschlupf finden? Da erinnerte er sich an seinen ehemaligen Schulkameraden Ildefons Herwegen, mit dem er gemeinsam die Schulbank im Kölner Apostel-Gymnasium gedrückt hatte. Dieser war zu jener Zeit der 44. Abt des Klosters Maria Laach, dem er seit 1913 vorstand. In einem sehr persönlichen Brief vom 14. April 1933 bat Adenauer:

Der erste deutsche Bundeskanzler, Konrad Adenauer.

„Lieber Herwegen! Würdest Du mir für 1 bis 2 Monate Aufenthalt in Deiner Klostergemeinschaft gewähren?“ Er schrieb weiter, dass er sich nur dort sicher fühlen würde, weil ihn in diesem selbst ausgesuchten Exil niemand vermuten würde. In Anbetracht der damaligen politischen Lage zögerte Herwegen nicht lange und gewährte seinem ehemaligen Schulkameraden Konrad Adenauer Unterschlupf. Auch er hielt es für unwahrscheinlich, dass Adenauers politische Widersacher ihn in der Eifeler Klostergemeinschaft vermuten würden. „Lieber Adenauer“, schrieb er zurück, „es ist mir eine große Freude, Dir unsere Gastfreundschaft anbieten zu können, und ich lade Dich herzlich ein, einige Zeit bei uns zu verbringen, um Dich in der Stille wieder zu sammeln und zu beruhigen.“ Adenauer betonte ausdrücklich seine Bescheidenheit und dass er keine

Im Kloster Maria Laach fand Konrad Adenauer 1933 nach seiner Absetzung als Oberbürgermeister von Köln Zuflucht vor den NS-Häschern.

besonderen Bedürfnisse habe, nur den Wunsch nach Stille. Seine Speisen nahm er auch allein in seinem Zimmer zu sich.

Adenauer nutzte in der Zeit seines Aufenthalts die umfangreiche Bibliothek des Klosters für seine wissenschaftlichen Arbeiten. Eine kleine, unscheinbare, selten benutzte Pforte und eine verborgene Tür in einem rückwärtig angrenzenden Wirtschaftsgebäude erlaubten dem prominenten Gast sogar, das Areal unbemerkt zu verlassen. Diese Möglichkeit nutzte Adenauer zwischen seinen Studien zu Spaziergängen an der frischen Eifelluft. Aber auch das musste unter der größten Vorsicht erfolgen, denn ein Entdecken hätte nicht nur für ihn, sondern auch für den Abt und die Klostergemeinschaft fatale Folgen bedeutet. Als gläubiger Katholik nahm Adenauer regelmäßig an den Gottesdiensten teil. Für ihn stand stets ein nicht einsehbarer Platz auf der Orgelempore zur Verfügung. Niemand der externen Kirchenbesucher ahnte, wer sich dort oben aufhielt. Ursprünglich war der Aufenthalt Adenauers für zwei Monate vorgesehen. Die Zeit verlängerte sich aber schließlich auf ein ganzes Jahr.

In späterer Zeit vergaß er niemals, welche Hilfe und Ruhe ihm im Kloster Maria Laach zuteil geworden war. Als er 1949 erster Bundeskanzler der Bundesrepublik Deutschland geworden war, zeigte er seine Dankbarkeit darin, dass er ein Fenster über dem West-Chor der Abteikirche stiftete. Aber auch die ungebrochene Verbundenheit zur Klostergemeinschaft fand Anerkennung, indem die Mönche jedes Jahr zum Weihnachtsfest den größten von ihnen gefangenen Lachs des Laacher Sees ihrem einstigen prominenten Gast zu seinem Privathaus nach Rhöndorf am Rhein brachten.

45 Vom See zum Weideland
Maria Laach wird trockengelegt

Das größte Maar der Eifel ist der Laacher See. An dessen malerischen Ufern liegt das 1093 von Pfalzgraf Heinrich II. gegründete friedliche Kleinod „Maria ad lacum“, was so viel heißt wie „Maria am See“. Doch das scheinbar ruhige Gewässer bescherte den Mönchen des Benediktinerklosters oftmals nasse Füße.

Es gab Zeiten, als die Mönche des Klosters Maria Laach dann und wann nasse Füße bekamen, und das nicht nur in ihren Zellen, sondern auch während des Gottesdienstes in der Basilika. Das Wasser des sich vor ihrer Haustür ausbreitenden Laacher Sees suchte sich Wege nach drinnen.

59 Jahre nach Gründung und Errichtung des Klosters stand Fulbertus als zweiter Abt des Klosters seiner Glaubensgemeinschaft vor. Ihm war bewusst, dass der Laacher See in Reichweite vulkanischer Herkunft war und der nach unten trichterförmig zulaufende Wasserspeicher über keinen natürlichen Abfluss verfügte. Der Wasserstand schwankte je nach wetterbedingtem Zufluss. In heißen Sommern zog sich das Wasser von den Klostermauern zurück, aber zur Schneeschmelze oder nach ergiebigen Niederschlägen stieg das Wasser bedrohlich an. Es wurde beschlossen, einen Ablauf zu bauen, um auf Dauer einen geregelten und kontrollierbaren Wasserstand zu erreichen. Dabei bot sich nur die Lösung eines Durchstichs durch den etwas niedrigeren Maarwall im Süden an. Fulbertus ließ nach seinen Plänen einen Tunnel graben, weil eine oberirdische Ableitung nicht möglich war. Das vulkanische Material, aufgeschichtete Tuffe, eignete sich aufgrund seiner Beschaffenheit hervorragend für diese Baumaßnahme. Eine Einsturzsicherung mittels Holzgerüsts im Tunnel war nicht erforderlich, da sich das Gewölbe selbst tragen konnte. Lediglich Ein- und Ausgang des Tunnels wurden mit Steinen ausgemauert, um das Auswaschen durch ein- und ausfließendes Wasser und ein vorzeitiges Abnutzen an diesen Stellen zu verhindern.

Nach Vollendung hatte der Tunnel eine Länge von 750 Metern. In regelmäßigen Abständen führten senkrechte Schächte in die Decke, die zum Abtransport des Abraums dienten. Später wurden sie als Licht- und Lufteinlass bei Revisionen des unterirdischen Bauwerks genutzt. Der Stollenboden wies nur ein geringes Gefälle und an bestimmten Stellen Stufen auf, um ein Auswaschen durch eine zu starke Strömung zu verhindern. Der Durchmesser des Tunnels betrug immerhin 2 x 2 Meter. Der Erfolg dieser notwendigen Baumaßnahme blieb nicht aus. Der Wasserspiegel konnte um mehr als 2,50 Meter gesenkt werden und die Gefahr der Überflutung im Abteibereich war gebannt. Zusätzlich wurde noch wertvolles Acker- und Weideland gewonnen.

Allerdings hielt der Stollen nur an den Stellen stand, an denen er durch festen Tuff geführt war. In Bereichen mit lockeren Geröllschichten rutschte das Gestein nach und staute schließlich den vorgesehenen Abfluss. So war es 100 Jahre später, unter Abt Theoderich von Lehmen (1256–1290), erforderlich, kostspielige Ausbesserungen vorzunehmen, um die Wasserregulierung wiederherzustellen.

Es ist überliefert, dass die nachfolgenden Laacher Äbte öfter in Erwägung zogen, den Wasserspiegel weiter zu senken, um zusätzliches Weideland zu gewinnen, was allerdings nicht erfolgte. Erst als der See in Privatbesitz überging, wurde von 1842 bis 1844 unter dem Regierungspräsidenten Delius ein neuer Durchstich von 947 Metern geschaffen. Dadurch senkte man die Wasseroberfläche des Sees um weitere neun Meter, das Mundloch des Stollens wurde weiter nach Norden verlegt. Die Rinne lag 6,50 Meter tiefer als beim alten Kanal. Wiederum gewann man neue landwirtschaftliche Flächen.

‹ Augenscheinlich ruhig liegt der Laacher See. Doch aufsteigende Blasen (Mofetten) an einigen Stellen des Ufers zeigen noch immer die vulkanische Energie tief im Innern an.

46 Ein Schatz aus der Tiefe
Die Mineralquellen der Eifel

Aus großen Tiefen und angereichert mit natürlicher Kohlensäure tritt es unermüdlich zutage: erfrischendes Eifeler Mineral- und Heilwasser. Zu verdanken ist es dem Vulkanismus – seine heilenden Kräfte nutzte man schon vor dem Dreißigjährigen Krieg.

Der Weg des Mineralwassers ist lang, vor allem bis es seinem Namen gerecht wird und entweder artesisch, das heißt von selbst, zutage tritt oder mithilfe von Bohrungen in den Mineralwasserbetrieben gewonnen und abgefüllt wird. Dabei darf es nicht in seinen Mineralstoffbestandteilen verändert werden, lediglich Eisen-, Mangan- und Schwefelverbindungen darf man abtrennen. Es ist erlaubt, natürliche Kohlensäure „auszuschlagen" und später wieder zuzusetzen. Als Tiefenwasser durchläuft das Mineralwasser mehrere Phasen und legt dabei unterirdische Strecken zurück. Wichtig sind hierbei die Lockersteinschichten, in denen sich das Wasser bewegen kann, um Mineralien und Spurenelemente auszuspülen und in sich aufzunehmen. Bei der Versickerung durch die verschiedenen geologischen Schichten wird das Wasser zudem gefiltert und gereinigt. Je tiefer das Wasser nach unten eindringt, desto höher ist die umgebende Erdtemperatur. Alle 33 Meter erhöht sich die Temperatur um ein Grad. Hat das Wasser eine Tiefe von 4.000 Metern erreicht oder trifft es vorher schon auf eine Magmablase, beginnt es zu sieden und wird zu Wasserdampf, der wiederum das Bestreben hat, nach oben aufzusteigen. Das von Magmaherden abgegebene Kohlensäuregas verbindet sich mit dem Dampf, der Auftrieb erhöht sich und auf diesem Weg entsteht wiederum eine Verbindung mit weiterem, von oben nachsickerndem Wasser. Ist die Temperatur des aufsteigenden Dampfes gesunken, wandelt dieser sich wieder in Wasser um. Dieses sucht sich Bahnen, Klüfte und Spalten, in denen es weiterfließen kann. So kann es vorkommen, dass der Austrittsort weit entfernt vom ehemaligen Versickerungsort liegt. Meistens tritt das Wasser an tektonischen Bruchstellen oder Schwachstellen der Erdkruste zutage oder wird durch Bohrungen erschlossen. Im Volksmund werden zutage tretende vulkanische Quellen als Brubbel, Pütz oder Born bezeichnet.

Schon früh hatte man herausgefunden, dass die im Wasser enthaltenen Mineralien und Spurenelemente der Gesundheit zuträglich waren. Da die Infrastruktur es den Menschen früher nicht erlaubte, die Quellen selbst aufzusuchen, transportierte man es zu ihnen. Bereits vor dem Dreißigjährigen Krieg gelangte erstmals Mineralwasser über weitere Strecken zu den Menschen, um ihnen durch die Einnahme Linderung oder Heilung zu verschaffen. Als Transportbehälter benutzte man versiegelte Tonflaschen, die mit den eingedrückten Stempeln des jeweiligen

Der sogenannte Brubbel in Wallenborn (Vulkaneifel).

Mineralwasserabfüllers versehen waren, denn die Wasser wiesen hinsichtlich Menge und Mischung der Mineralstoffe doch einige Unterschiede auf. Da immer mehr Tonflaschen benötigt wurden, konnte auch dieses Gewerbe einen Aufschwung verzeichnen. Heute wird hauptsächlich die deutsche Brunnen-Einheitsflasche, die sogenannte Perlenflasche, aus Glas verwendet, die 2019 auf 50 Jahre Einsatz zurückblicken konnte. Da die meisten Brunnen diese Flasche benutzen, erleichtert es die Rücknahme des Pfands, weil jede Flasche nach Entfernen des Etiketts von jedem Brunnen neu befüllt werden kann.

In der Eifel sind heute zahlreiche Mineralwasserbetriebe angesiedelt, die diese unerschöpfliche Gabe des Vulkanismus zu nutzen wissen.

47 Der Weg der Feuerspucker
Wie der Vulkanismus die Eifel formte

Alles Wissenswerte rund um Vulkane erfährt man auf der 280 Kilometer langen Deutschen Vulkanstraße. Hier kann man 39 Mal eine Pause einlegen, um dem Vulkanismus in der Eifel näherzukommen und ihn zu verstehen. Anschaulich, lehrreich und immer auf das Thema bezogen – der Weg der „Feuerspucker" zeigt, was die heutige Eifel prägte.

Sie ist keine gewöhnliche Straße, sondern eine Lern- und Erlebnisstrecke, die alles vermittelt, was den Vulkanismus in der Eifel betrifft. Die Deutsche Vulkanstraße führt durch den 2.200 Quadratkilometer großen Natur- und Geopark Vulkaneifel, der sich wiederum zusammensetzt aus dem Vulkanpark Brohltal/Laacher See, dem Vulkanpark Osteifel und dem Geopark in der Westeifel. Von Station zu Station wird nahezu spielerisch und daher leicht verständlich vermittelt, was es mit dem Vulkanismus auf sich hat. Manche Bezeichnungen erinnern an bekannte Gegenstände oder Bauten. Ein Hufeisenkrater hat aber zum Beispiel nichts mit Pferden zu tun, eine Lavabombe muss nicht entschärft werden und Dome sind in diesem Zusammenhang keine Bischofskirchen. Dem Begriff Mofetten begegnet man im täglichen Leben allerdings eher nicht. Dabei handelt es sich um aufsteigende Gasblasen, zu beobachten bspw. am Ostufer des Laacher Sees. Diese zeigen, dass äußerlich zwar Ruhe eingekehrt ist, es im Inneren von Mutter Erde aber noch (oder wieder) gewaltig brodelt. Es sind übrigens die gleichen Gasperlen, die in verschiedenen Getränken aufsteigen. Dort sind sie nicht gefährlich, sondern vernichten schädliche Bakterien. Sammelt sich dieses CO2-Gas, wie es richtig heißt, aber in Erdmulden, weil es schwerer als Luft ist, kann es bereits für Kleintiere gefährlich werden, denn sie bemerken es nicht.

Der Beginn der Deutschen Vulkanstraße liegt am Erntekreuz, am südlichen Ende des Laacher Sees in Richtung Mendig. Mehrere Vulkanmuseen mit unterschiedlicher Struktur erwarten die interessierten Besucher. Besonders eindrucksvoll ist es, wenn im Deutschen Vulkanmuseum Lava-Dome in Mendig ein Vulkanausbruch simuliert wird, virtuell glühende Lava sich durch den Raum bewegt, der Boden unter den Füßen vibriert. Dieses Museum verfügt auch über einen Außenbereich, wo man erfährt, wie früher mit mittels Muskelkraft und Pferdestärken betriebenen Hebevorrichtungen Basalt abgebaut und verarbeitet wurde. Kleine Lokomotiven wie „Emma" aus Lummerland begeistern besonders die kleinen Gäste.

Nahezu in Sichtweite erhebt sich mächtig und gigantisch die Wingertsbergwand. Hier wird deutlich, mit welcher Druckwelle die letzte Eruption im Laacher Seegebiet erfolgte. Bis zu 40 Kilometer hoch wurden Asche und Gestein geschleudert. Als es dann nach und nach wieder herunterfiel, baute sich um den Krater eine Schichtwand von bis

Die informationsreiche, 280 Kilometer lange Deutsche Vulkanstraße mit 39 Haltepunkten beginnt südlich des Laacher Sees an diesen Hinweissteinen.

zu 60 Metern auf. Zahlreiche Hinweistafeln veranschaulichen diese Vorgänge detailgenau.

Das Maar-Museum in Manderscheid bietet den Besuchern eine besondere Attraktion: das sogenannte Eckfelder Urpferd, das 1994 im verlandeten Eckfelder Maar gefunden wurde. Für viele Wissenschaftler aus aller Welt ist dieses zwischen 45 und 50 Millionen Jahre alte Skelett einer trächtigen Stute so bedeutend, dass sie jährlich zahlreich nach Manderscheid reisen, um die Sensation zu bestaunen. Auch dieses Museum verfügt über moderne Technik, dokumentiert beeindruckend die Entstehung und den Aufbau von Kraterseen und zeigt anschaulich, was ein Schichtvulkan ist.

48 Spaltbares Material
Schieferabbau im Mayengau

Was hat die Mosel mit Mayen zu tun? Der längste Nebenfluss des Rheins liegt doch gut 15 Kilometer weiter südlich. Und welches Material wurde vor seinem eigentlichen Einsatz gespalten? Eine alte Geschichte, die die Spatzen noch heute von den Schieferdächern pfeifen.

In der Eifel stößt man immer wieder auf den Vulkanismus, der große Teile der Landschaft formte. Doch nicht alles in der hiesigen Landschaft beruht auf diesem Ursprung. Als vor 400 Millionen Jahren die Landmassen der Erde aus nur zwei mächtigen Platten bestanden, lag Mitteleuropa und somit auch das spätere Gebiet der Eifel südlich des Äquators in tropischen Gefilden. Erst vor 60 Millionen Jahren ergab sich die heutige Form der Kontinente durch Auseinanderbrechen und Verschieben der dadurch entstandenen Platten. Feinkörniger Tonschlamm eines flachen Meeres hatte sich zwischenzeitlich unter hohem Druck zu einer festen Masse verwandelt, dem heutigen Schiefer.

Bereits in römischer Zeit wurde dieses Material bei Mayen aus dem Katzenberg bergmännisch gefördert und u.a. bis in die Garnisonsstadt Xanten gebracht. Der technisch weiterentwickelte Abbau an dieser Schieferförderstätte – die tiefste Sohle lag zuletzt bei 400 Metern – begann im Jahr 1793. Eine kontrollierte Be- und Entlüftung verschaffte den Arbeitern unter Tage die erforderliche Atemluft. Die Lufttemperatur betrug konstant 15 Grad Celsius bei einer Luftfeuchtigkeit von fast 100 Prozent. Ständig tropfte Wasser aus den Wänden oder von den Decken und sammelte sich an der tiefsten Stelle. Von dort wurde es nach oben gepumpt. Einerseits, weil sich das Bergwerk immer weiter gefüllt hätte, andererseits wurde das Wasser zur weiteren Bearbeitung des gewonnenen Schiefers benötigt. Nur im „bergfeuchten“ Zustand war ein kontrolliertes Spalten des empfindlichen Sedimentmaterials in die gewünschten Stärken möglich. Trocken wäre dieser wichtigste Arbeitsgang nicht durchführbar gewesen. Nach den Mühen und Anstrengungen unter Tage wäre nur wertloser, nicht weiterverarbeitbarer Bruch geblieben. Während im Berg später moderne Maschinen zum Einsatz kamen, die tonnenschwere Schieferwürfel herausschnitten, erfolgte die Weiterverarbeitung in Handarbeit. Den geübten Mitarbeitern gelang es beim korrekten Ansetzen ihres Spaltwerkzeuges, den großen Schieferblock in millimeterdünne und gleichmäßige Scheiben zu zerlegen. Dafür waren viele Jahre Erfahrung erforderlich.

Im Jahr 2019 war ein rentabler Abbau nicht mehr möglich, das Bergwerk Katzenberg wurde stillgelegt. Dennoch bleibt durch die Gewinnung gleichwertigen Schiefers aus anderen Gewinnstätten dieses Material für die traditionelle „Altdeutsche Deckung“ weiterhin erhalten. Da bereits zu Erbauungszeiten die Dächer zahlreicher

Unter Tage werden die Schiefervorkommen mit modernster Technik abgebaut, um danach in exakter, traditioneller Handarbeit für den Endverbrauch aufbereitet zu werden.

Burgen, Schlösser und anderer historischer Gebäude mit dem sogenannten Moselschiefer gedeckt wurden, wird heute noch bei Erneuerungsarbeiten auf dieses traditionelle Material höchster Qualität zurückgegriffen. Schiefer aus den Gebieten Mayen, Polch, Müllenbach und Trier nannten sich Moselschiefer. Eine erste Erwähnung der Bezeichnung findet sich im Jahr 1588 mit „Moseler Leistein". Und warum? Es hat nichts mit der Herkunft, sondern mit dem Transportweg des Schiefers, der Mosel, zu tun. Um das logistische Problem eines weiten, beschwerlichen Transportes mit Fuhrwerken zu lösen, brachte man das Produkt auf dem Landweg zur Mosel und verlud es dort auf Kähne. Der Wasserweg über Mosel und Rhein bis zur Nordsee bot sich schließlich an. Auf seetüchtigen Schiffen gelangte der Moselschiefer sogar bis nach England. Da die Arbeiten im Schieferbergwerk Katzenberg rund um die Uhr betrieben wurden, war es für Außenstehende nicht zugänglich. Um aber den Ablauf dieses sehr alten Gewerks nachempfinden zu können, entstand unter der Genovevaburg in Mayen ein authentisches Schieferbergwerk als Museum.

49 Eine Sage und der Mayener Jung
Die Burgfestspiele und Mario Adorf

Sagen und Legenden begründen oft Traditionen, die als Volksgut an die Nachwelt weitergegeben werden. Ob sie historisch nachweisbar sind, ist dabei meist nicht wichtig, eher sogar unwahrscheinlich. So lebt auch heute noch Genoveva in Mayen weiter.

Auf der Anhöhe der Genovevaburg soll der Sage nach Mitte des 8. Jahrhunderts der Sitz des Pfalzgrafen Siegfried und seiner Ehefrau Genoveva von Brabant gewesen sein. Als Siegfried in den Krieg zog, näherte sich Golo, der Statthalter, der jungen Frau, die ihn aber abwies. Aus Rache verurteilte er sie wegen angeblichen Ehebruchs mit einem Koch zum Tod. Der Henker ließ sie fliehen und sie fand mit ihrem Neugeborenen Schutz in einer Höhle. Eine Hirschkuh versorgte die beiden und sie blieben sechs Jahre lang in dem Versteck. Nach seiner Rückkehr entlarvte Siegfried Golos falsches Spiel, ließ ihn vierteilen und fand nach langer Suche seine Frau mit dem Kind wieder.

Ehrenbürger Mario Adorf ist seiner Heimatstadt Mayen eng verbunden. Idee und Entwurf zur Skulptur „Mayener Jung" stammen von ihm.

Was bietet sich besser an, als die Handlung einer Sage am Originalschauplatz auf die Bühne zu bringen. So wurden 1935 zum ersten Mal die Genoveva-Festspiele aufgeführt. Schon damals war die Inszenierung aufwendig. Von Anfang an wollten die Veranstalter viele Menschen aus Mayen auf der Bühne einbinden, sogar Reiter waren beteiligt. Lediglich die vier Hauptrollen übernahmen professionelle Schauspieler. Das Zusammenspiel von Profis und Laien funktionierte hervorragend. 1939 wurden die Genoveva-Festspiele ein zweites Mal aufgeführt, besonders beeindruckend muss eine Nachtvorstellung gewesen sein. Im Jahr 1979 wurde die Genoveva-Burg 700 Jahre alt. Dieses Ereignis sollte gebührend gefeiert werden. Während der Vorbereitungen erinnerte sich der Kulturausschuss der Stadt an die 40 Jahre zurückliegenden Genoveva-Festspiele und beschloss, diese wieder aufleben zu lassen. Es sollte

Vierteilung des Golo. Ausschnitt aus dem Altarbild der Wallfahrtskapelle Fraukirch bei Mendig.

nur eine Aufführung stattfinden, weil Probleme mit dem stärker gewordenen Straßenverkehr befürchtet wurden. Doch das Interesse war so groß, dass es in jener Festwoche mehrere Darbietungen gab. Der Erfolg machte die Theateraufführungen zur festen Institution im Ort und sie hießen fortan Burgfestspiele Mayen. Um den Straßenverkehr nicht zu beeinträchtigen, verlegte man die Bühne in den Burghof. Am 14. Juli 1982 fand die erste Vorstellung der „neuen Zeit“ mit dem Stück „Jedermann“ statt. Fortan wurden nun jährlich zwei Stücke einstudiert und aufgeführt. Dank der Mischung aus klassischem Schauspiel und Märchentheater war für jeden Geschmack etwas dabei.

Besonders verbunden mit Mayen und den Burgfestspielen ist der berühmte Schauspieler Mario Adorf, der in dieser Stadt seine Kindheit verbrachte. 1930 in Zürich geboren, wuchs er bei seiner alleinerziehenden Mutter in Mayen auf. Nach seiner Schulzeit studierte er ab 1950 in Mainz Philosophie, Psychologie, Kriminologie, Literatur, Musikgeschichte und Theaterwissenschaften. Dann begann seine Karriere auf der Bühne, beim Film und im Fernsehen. Zu Mayen hat er eine besondere Verbindung und hält sich immer wieder hier auf. 2001 erhielt er die Ehrenbürgerschaft und übernahm die Schirmherrschaft der Burgfestspiele. Am Aufgang zur Burg zeigt sich die Skulptur eines jungen Burschen, der in die Ferne blickt. Er kniet auf dem rechten Bein und hält eine Hand schützend vor die Augen. Idee und Entwürfe der Figur, die aus Basaltlava der Mayener Grubenfelder geschaffen wurde, stammen von Mario Adorf. Der „Mayener Jung“ soll ihn selbst in seiner Verbundenheit zur Stadt Mayen darstellen.

50 Kleine Nager als Arbeitgeber
Das Mäusefallendorf Neroth

Not macht erfinderisch, sagt man. Vielleicht macht sich der Mensch in heiklen Situationen ganz besondere Gedanken darüber, wie er seine Lage zum Besseren wenden kann und kommt zu einem Ergebnis, das sich plötzlich als Erfolgsgeschichte entpuppt. In Neroth waren einst kleine Nager indirekt an einer Erfindung beteiligt.

Missernten, Hungersnöte, Kriege und Naturkatastrophen bestimmten schon seit Jahrhunderten immer wieder das ohnehin schon schwere Leben der Menschen in der Eifel. Ertragsarme Böden und widrige klimatische Verhältnisse waren die Hauptursachen und ließen die Menschen, die alles versuchten, um zu überleben, oft verzweifeln. Viele verließen deshalb ihre Heimat in der Hoffnung, der Ausweglosigkeit zu entkommen und irgendwo bessere Lebensbedingungen vorzufinden.

Auch der im Jahr 1802 in Neroth geborene Theodor Kläs gab seinen erlernten Beruf als Lehrer auf und begab sich auf Wanderschaft. Erst in den 1830er-Jahren kehrte er in seinen Heimatort zurück. In der Zwischenzeit war er weit herumgekommen, hatte viel gesehen und erlebt. Und er kam nicht mit leeren Händen zurück, denn in der langen Zeit seiner Abwesenheit hatte er das Handwerk der Drahtverarbeitung erlernt. Und so kam er auf die Idee, Mausefallen aus Draht herzustellen. Die knapp bemessenen und schwer erarbeiteten Lebensmittel sollten sich die Menschen nicht noch mit den Nagern teilen müssen, die sich oft scharenweise über die Ernten hermachten. Kläs war von seinem Plan so überzeugt, dass er seine Fertigkeit zunächst seinen Verwandten beibrachte. Jeder hatte nun eine Aufgabe zu erfüllen, um große Mengen an Mausefallen herzustellen, die wirklich dringend benötigt wurden. Produktionsstätten waren die Häuser, in denen man wohnte. Wohn- und Arbeitsbereich waren eine Einheit. Jeder Raum, ganz gleich ob Küche, Wohnstube oder Schlafkammer, wurde genutzt, um die Drähte in entsprechende Formen zu bringen. Viel Platz war dafür nicht erforderlich. Ein kleiner Tisch und ein Regal für die unterschiedlichen Zangen reichten aus. Bald stellten auch andere Menschen aus Neroth die Fallen her, denn sie sahen, dass sich der Verkauf lohnte. Frauen und Kinder verrichteten meist die verhältnismäßig leichten Arbeiten. Die Männer zogen als Hausierer mit den fertigen Produkten von Neroth aus übers Land. Ihre Wege reichten sogar weit über Deutschland hinaus bis nach Polen und in die Tschechoslowakei. Der ursprüngliche Nebenerwerb wandelte sich schließlich wegen der großen Nachfrage zur Haupteinnahmequelle der Familien. Mit selbst gefertigten Werkzeugen waren die Menschen schließlich in der Lage, auch noch andere Produkte wie Kleiderbügel, Blumenkörbe oder Schneebesen herzustellen und anzubieten. Wichtig war den Drahtbiegern, stets eine gute Wertarbeit

Die überdimensionale Mausefalle vor dem Museum in Neroth.

zu liefern. Besondere Stabilität und Langlebigkeit wurden dabei erreicht, wenn Kreuzungspunkte von Drähten zusätzlich mit feinerem Draht umwickelt wurden.

Im Jahr 1979 schloss der letzte drahtverarbeitende Betrieb in Neroth. Damit dieses seltene Handwerk nicht in Vergessenheit gerät, wurde 1990 ein kleines Museum in dem Ort eröffnet. Ein Raum zeigt zum Beispiel die Originalwerkstatt des letzten Nerother Drahtbiegers und eine lebensgroße Figur stellt einen Hausierer aus damaliger Zeit dar. Es wurde damals großer Wert darauf gelegt, die Waren in stets sauberem Erscheinungsbild an den Haustüren anzubieten, schließlich vertrat man ein ehrenhaftes Gewerbe.

51 Heute muss die Glocke werden!
Fromme Klänge aus Brockscheid

So einfach wie in „Schillers Glocke" ist es nicht, ein Geläut herzustellen. Das Glockengießen war und ist ein schwerer Beruf, bei dem vor allem die exakten Vorbereitungen wichtig sind. Es gibt nur einen Versuch, und der muss stimmen!

Jedes Handwerk, ganz gleich, welches Material be- oder verarbeitet wird, erfordert ein hohes Maß an Präzision und Genauigkeit. Das Glockengießen ist besonders aufwendig und jeder Handgriff muss exakt vollzogen werden, sonst ist die gesamte zuvor geleistete Arbeit umsonst gewesen.

Früher waren Glockengießer nicht sesshaft, sondern wanderten über Land oder wurden herbeigerufen, wenn ihre Fähigkeiten gebraucht wurden. Hatten sie irgendwo einen Auftrag angenommen, war ihr Aufenthalt in diesem Ort keinesfalls von kurzer Dauer. Die Vorbereitungen und letztlich der Guss und das Abkühlen der Glocke konnten mehrere Monate in Anspruch nehmen. Aber nur vom Glockengießen allein konnten diese Handwerker nicht leben. Sie verstanden sich zusätzlich darauf, Kanonen zu gießen, wenn auch beide Endprodukte von ihrer Bestimmung her gar nicht im Einklang standen. Aber Handwerk ist Handwerk, Auftrag ist Auftrag.

Im Jahr 1840 entschloss sich ein Glockengießer, der auf eine Familientradition in diesem Beruf bis in das Jahr 1620 zurückblicken konnte, sein unstetes Leben aufzugeben und in Brockscheid sesshaft zu werden. Er richtete sich eine Werkstatt mit den entsprechenden Werkzeugen und Materialien ein. War seine Dienstleistung gefragt, musste sich der Auftraggeber nun zu ihm begeben. Seitdem wird in Brockscheid in der Verbandsgemeinde Daun der Glockenguss, der weit über die Eifel hinaus bekannt ist, betrieben, heute bereits in fünfter Generation.

Da sich die umfangreichen Handgriffe zur Glockenherstellung seit Jahrhunderten bewährt haben, werden sie bis heute in kaum veränderter Form durchgeführt. Wie die Bezeichnung „Glockenguss" schon ahnen lässt, muss zuerst eine Form erstellt werden, in die später das flüssige Metall gegossen wird. Allein für diesen Arbeitsgang sind sechs bis acht Wochen erforderlich. Der Glockengießer berechnet zunächst das Profil der späteren Glocke und fertigt in mehreren Arbeitsgängen aus Ziegelsteinen, Lehm, Pferdemist und Rinderhaaren eine entsprechende Form. Hinsichtlich Größe, Gewicht, Klang und der äußeren Verzierungen können Wünsche des Auftraggebers berücksichtigt werden. Auch hierbei ist wieder präzise Handarbeit erforderlich, denn für den Klang einer Glocke sind der Durchmesser, die Höhe und die Wandstärke entscheidend.

Nach den aufwendigen Vorarbeiten kommt der entscheidende Moment: der Glockenguss. Am frühen Morgen des

Lange Vorbereitungen sind in der Glockengießerei Brockscheid erforderlich, um eine Glocke mit dem gewünschten Klang zu schaffen.

betreffenden Tages werden in einem großen Schmelzofen 78 Prozent Kupfer und 22 Prozent Zinn geschmolzen, woraus sich dann eine Bronzelegierung ergibt. Traditionell erfolgt anschließend der Spruch: „In Gottes Namen – lasst es rinnen!" Nun läuft mit einer Temperatur von 1.100 Grad Celsius die glühende Bronze durch Einlasskanäle in die vorbereitete Form. Das Abkühlen der fertigen Glocke dauert ungefähr zehn Tage. Sie verbleibt währenddessen in der ausgehobenen Glockengrube, bis sie dann aus ihrem Mantel befreit wird. Eine Stimmgabel verrät, ob der erwünschte Klang getroffen wurde und das Werk gelungen ist.

Bei dem beschriebenen Zeitaufwand können nur vier bis fünf Mal im Jahr Glocken gegossen werden.

52 Heißes Eisen in den Eifel-Stuben
Die Takenplatten

Die kalten Winter in der Eifel dauerten lange, in den Häusern waren die offenen und gefährlichen Kaminfeuer begrenzt, viele Räume blieben ungenutzt. Im ausgehenden Mittelalter sorgte eine Eifeler Innovation für mehr Komfort und Sicherheit. Sie gilt als erster Schritt zur „Zentralheizung".

Es war früher nicht ungefährlich, in den strengen Wintern eine wohlige Wärme in den Häusern zu erzeugen. Diese waren überwiegend aus Holz gebaut und boten den Flammen der offenen Feuerstellen reichlich Nahrung. Bei Unachtsamkeit konnte das ganze Anwesen ein Opfer der Flammen werden, was allzu oft geschah.

Gusseiserne Kaminplatten, sogenannte Takenplatten (vom Lateinischen „tegere" = bedecken), brachten schon ab dem 15. Jahrhundert mehr Sicherheit und Komfort in das tägliche Leben der Menschen. Die Platten wurden in den eisenverarbeitenden Orten der Eifel wie Eisenschmitt oder Jünkerath gegossen. Der Fortschritt lag darin, dass ein Mauerdurchbruch an der hinteren Wand der offenen Feuerstelle, meistens in der Küche oder im Eingangsbereich des Hauses, mit einer dieser Platten geschlossen wurde. Das offene Feuer heizte die Eisenbarriere schnell auf und leitete die Wärme an den dahinter liegenden Raum weiter. Je dicker die Platte war, desto länger speicherte sie die Wärme und gab diese auch dann noch nach beiden Seiten ab, wenn die Glut längst erloschen war. Die Ausmaße der Platten waren je nach Bedarf unterschiedlich.

Es blieb aber nicht bei schmucklosen, glatten Eisengebilden. Später zierten meist kunstvoll gestaltete religiöse Motive die Rückwand der sichtbaren Feuerstelle. So gab es zum Beispiel die Darstellung der Hochzeit zu Kanaan, die wunderbare Brotvermehrung, Kreuzigungs- und Auferstehungsmotive oder andere aus der christlichen Lehre entnommene Darstellungen. Als eher neutrale Darstellung gilt heute der seltene „Eifeler Blumenstrauß", der im Museum oder bei Sammlern untergekommen ist.

Aber auch über die Gestaltung des Nebenraums, den nun ohne offenes Feuer eine rauchfreie Wärme erreichte, machten sich die Menschen Gedanken. Die grobe und unansehnliche, vom Guss geprägte Rückseite der Platte war keinesfalls eine Verschönerung der Stube. Außerdem konnte eine Überheizung des Raumes erfolgen, je nachdem, wie das Feuer auf der anderen Seite geschürt wurde. Sogenannte Takenschränke brachten die Lösung. Diese fanden ihren Platz vor der schmucklosen Eisenfläche und hatten nur eine geringe Tiefe, meist 10 bis 15 Zentimeter. In einem festen Rahmen an der Wand befanden sich untereinander zwei Türen. Die untere war durch senkrechte Schlitze durchbrochen, um die abstrahlende Wärme des Eisens in den Raum zu leiten. Bei wechselndem Wärmebedarf konnte

Viel Mühe hat man sich bei Gestaltung, Darstellung und Guss der Takenplatten gegeben.
Die Motive, sehr häufig biblischen Charakters, erfreuten die Menschen.

durch das entsprechende Öffnen dieser Tür eine Regulierung erfolgen, so wie es heute bei Zentralheizzungen, nur mit anderer Technik, üblich ist. Der Vorläufer war geschaffen.

Hinter der oberen glatten Tür befanden sich Regalböden, um Dinge aufzubewahren, die im Winter vor Feuchtigkeit geschützt werden mussten. Dazu gehörten das zu damaliger Zeit kostbare Salz, Gewürze, Trockenfrüchte, getrocknete Pilze, Kräuter oder Tees. Die in diesem Bereich geringer aufsteigende Wärme brachte also zusätzlichen Nutzen.

Ende des 19. Jahrhunderts machte die Entwicklung einen Sprung nach vorn und die anfänglich als fortschrittlich empfundenen Takenplatten traten in den Hintergrund. Es war die Zeit, in der eiserne Öfen und Herde die Häuser eroberten und auch noch die letzten offenen Feuer in den Häusern ablösten.

53 Tradition als gelebte Vergangenheit
„Raffer" gegen „Läufer" in Schönecken

In der Eifel gibt es kaum einen Ort, der nicht einen speziellen, seit alters überlieferten Brauch pflegt. Viele Junggesellenvereine leben das Brauchtum, damit es für die Nachwelt erhalten bleibt. Was dabei in Schönecken die Junker mit der Eierlage zu tun haben, ist eine spannende Geschichte.

In Schönecken, einem Ort mit knapp 1.500 Einwohnern in der Verbandsgemeinde Prüm, geht es einmal im Jahr ums Ei. Genauer gesagt um 104 Eier, die jährlich im Mittelpunkt einer kulturellen Veranstaltung stehen. Im Landkreis Bitburg-Prüm ist die „Eierlage" einer der ältesten noch erhaltenen Osterbräuche. Dieser wird unter der Regie des Junggesellenvereins „Sodalität" in Schönecken gepflegt. Die beiden Hauptpersonen des seit 300 Jahren existierenden Brauchs sind der „Raffer" und der „Läufer", die beide eine traditionelle Pagenkleidung tragen. Während sie ungeduldig auf ihren Auftritt warten, legen Mitglieder des Junggesellenvereins unter strenger Aufsicht von Hauptmann und Brudermeister, beide natürlich ebenfalls in historischer Tracht, die Rinnsteine mit einer schützenden Schicht frischen Sägemehls aus, beginnend an der Von-Hersel-Straße. Schließlich werden zerbrechliche, rohe Eier eine Rolle spielen. Diese werden in einem exakten Abstand von einer Elle, das bedeutet in Schönecken 62,5 Zentimeter, auf dem weichen und schützenden Untergrund aufgereiht. Schließlich ergibt sich für die ausgelegten Eier eine Gesamtstrecke, inklusive Zwischenräume, von 6,6 Kilometern.

Historisches Maß für das Auslegen der Eier. Die Abstände müssen exakt eingehalten werden.

Nach diesen Vorbereitungen beginnt um 14.10 Uhr der Wettkampf zwischen „Läufer" und „Raffer". Der sieht so aus, dass der „Läufer", wie es die Bezeichnung schon andeutet, zu dem 3,8 Kilometer entfernten Ort Seiwerath laufen muss. Dort angekommen, erhält er die Bestätigung, tatsächlich dort gewesen zu sein. Dann begibt er sich auf dem gleichen Weg zurück nach Schönecken. Seine gelaufene Strecke wird zum Schluss 7,6 Kilometer betragen, der Höhenunterschied 122 Meter. Auch der „Raffer" hat natürlich eine Aufgabe zu erfüllen. Nach dem gemeinsam mit dem Läufer erfolgten Start muss er die 104 ausgelegten Eier aufraffen und behutsam in Körbe legen. Seine

Die Siegerehrung nach dem Wettbewerb zwischen „Läufer“ und „Raffer“ ist der Höhepunkt der österlichen Traditionsveranstaltung in Schönecken.

zurückgelegte Strecke ist am Ende zwar einen Kilometer kürzer. Doch das ständige, anstrengende Bücken wird auf die Leistung „angerechnet“. Natürlich ist es am wichtigsten, dass keines der aufgenommenen Eier beschädigt wird. Wer als erster das Ziel erreicht, wird als Sieger geehrt.

Wie kam es zu diesem ungewöhnlichen Brauch? Wieder müssen wir für eine Erklärung in frühere Zeiten zurückblicken. Es soll um das Jahr 1500 gewesen sein, als sich 14 Junker auf der Burg Schönecken aufhielten. Damals war es üblich, dass ihnen für ihre persönlichen täglichen Bedürfnisse einige Pagen zur Verfügung standen. Natürlich war jeder der Junker davon überzeugt, dass seine eigenen „Angestellten“ die schnellsten in den Arbeiten waren. Da hierüber Uneinigkeit herrschte, sollte ein Wettkampf die Entscheidung bringen, wer der schnellste Page sei. Das soll der Ursprung des heute noch gepflegten Brauchs gewesen sein. Weil damals nicht nur die Junker Freude an dem Wettkampf hatten, sondern auch die Bevölkerung, findet das Spektakel seitdem an jedem Ostermontag unter großer Publikumsbeteiligung in Schönecken statt.

54 Hüpfen in Gottes Namen
Die Prozessionsstadt Echternach

Drei Schritte vor und zwei zurück bringt mathematisch gesehen auf dem Weg zum Ziel nur wenig, maximal Zeitverlust und für Ungeübte am nächsten Tag meistens Muskelkater. In Echternach heißt dieses von Polka-Musik begleitete Verhalten Springprozession.

Alljährlich findet in Echternach am Dienstag nach Pfingsten zu Ehren des Heiligen Willibrord die sogenannte Springprozession statt. Die Anfänge dieser ungewöhnlichen Heiligenverehrung liegen weit zurück. Am Ende des 7. Jahrhunderts kam ein Mönch namens Willibrord in die Gegend und erhielt von der Äbtissin Irmina von Oeren aus Trier ein Landgut am Ufer der Sauer als Schenkung. Er baute sich dort ein kleines Gotteshaus, das später erweitert wurde und sich schließlich zu einem Kloster und bedeutendem kulturellem und geistigem Zentrum entwickelte. Nachdem Willibrord in der Nacht vom 6. auf den 7. November 739 verstorben war, wurde er im Chorraum seiner Kirche beigesetzt und schon bald in Echternach als Heiliger verehrt. Seitdem kommen jährlich viele Gläubige zu seinem Grab und bitten um Heilung unterschiedlicher Krankheiten.

Warum die Prozession allerdings in dieser ungewöhnlichen und spektakulären Art und Weise erfolgt, ist bislang nicht ausreichend geklärt. Fest steht, dass die heutige Form auf das 19. Jahrhundert zurückgeht. Andere Quellen weisen auch auf das Mittelalter hin, und zwar auf die Worte des Abtes Benno von Reichenau im Jahr 1000, das Lob Christi zu Ehren des hl. Willibrord in einem „Dreisprung" zu feiern. Eine weitere Vermutung zum Ursprung der Zeremonie erscheint als Lösung wahrscheinlich. Neben einigen anderen Heiligen war Willibrord derjenige Patron, der bei Nervenleiden, Krämpfen und Epilepsie um Linderung und Hilfe gebeten wurde. So könnte es durchaus sein, dass Menschen mit diesen Leiden, die einen kontrollierten Bewegungsablauf nicht zuließen, an den Prozessionen teilnahmen. Im sinnvollen Umkehrschluss könnten auch Gesunde dies dargestellt haben, um von diesen Leiden verschont zu bleiben.

In der zweiten Hälfte des 18. Jahrhunderts wurde die Echternacher Springprozession verboten, weil die ungewöhnliche Art der Fortbewegung von weltlicher und auch geistlicher Seite als anrüchig und „nicht vernünftig" empfunden wurde. Das gesamte Geschehen rückte in die Richtung des Aberglaubens. Es kam sogar so weit, dass Kaiser Joseph II. 1786 alle Prozessionen verbieten ließ. Allerdings bestand das Verbot nur für kurze Zeit, weil sich offenbar niemand daran hielt. Zu einer erneuten Aussetzung der Springprozession kam es durch die Besatzer während der Französischen Revolution. Napoleon hingegen war 1801 großzügiger. Er erlaubte sogar Frauen die Teilnahme an der Prozession. Während des Zweiten Weltkriegs und der deutschen

Im Chorraum seiner Kirche in Echternach fand Willibrord im Jahr 739 seine letzte Ruhestätte.

Besatzung 1940 bis 1944 fanden keine Prozessionen statt.

12.000 bis 14.000 Pilger kommen jährlich zu der Prozession, wovon 8.000 bis 9.000 aktive „Springer" sind. Sie beginnt im Hof der ehemaligen Reichsabtei und hat eine Streckenlänge von einem Kilometer. Anfänglich beschriebenes Reglement wurde allerdings in neuerer Zeit etwas gelockert, um offenbar noch mehr Teilnehmer anzulocken. Nach den ersten drei Schritten vorwärts muss nun nur noch ein Schritt rückwärts gemacht werden. So verdoppelt sich die mühsam zurückgelegte Strecke.

Die Echternacher Springprozession gehört zum immateriellen Kulturerbe des Großherzogtums Luxemburg.

55 HORCH, kommt da ein AUDI rein?
Winningen und sein Ehrenbürger

An der südlichsten Grenze der Eifel liegt Winningen, ein beschaulicher Moselort. Hier wurde wegen einer guten Weinernte im Jahr 1551 nicht nur das erste Winzerfest gefeiert, sondern 300 Jahre später auch ein Autopionier geboren, der seiner Marke mehr notgedrungen eine lateinische Bezeichnung gab.

Die Mosel als südliche Grenze der Eifel ist bekannt für guten Wein. Auch Winningen, nahe Koblenz, blickt auf eine jahrhundertealte Weinbautradition zurück. Im Jahr 871 erstmals urkundlich erwähnt, hat dieser Ort nicht nur gute Zeiten hinter sich. Die Pest Ende des 16./Anfang des 17. Jahrhunderts brachte insgesamt 336 Menschen den Tod. Der Dreißigjährige Krieg hinterließ seine Spuren. Mord, Raub, Willkür und Plünderungen durch fremde, marodierende Soldaten verbreiteten Angst und Schrecken. Danach kam das Unheil in Gestalt der Hexenverfolgung.

Das AUDI-Logo ist nicht zu trennen von seinem Begründer August Horch aus Winningen/Mosel.

Ein zukunftsweisendes positives Ereignis war die Eröffnung der Eisenbahnlinie Koblenz–Trier im Jahr 1879, die Winningen direkt tangierte und an das Verkehrsnetz anschloss.

Bereits elf Jahre zuvor hatte ein Junge namens August Horch das Licht der Welt in dem Ort erblickt. Damals ahnte natürlich niemand, welche große Zukunft vor ihm lag. Er stammte aus einer ortsansässigen Schmiede- und Winzerfamilie. Nach seinem Schulabschluss mit 13 Jahren erlernte er im väterlichen Betrieb das Schmiedehandwerk. Dank dieser Grundkenntnisse und seiner Leidenschaft für die Technik von Fortbewegungsmitteln konstruierte der junge August Horch bereits damals ein dreirädriges Hochrad. Mit dem Gesellenbrief in der Tasche begab er sich auf Wanderschaft. Er machte Station in Österreich, Ungarn, Serbien und Bulgarien. Unterwegs entwickelte er Ideen für neue Fortbewegungsmittel. Nach seiner Rückkehr studierte Horch von 1880 bis 1891 am Technikum in Mittweida/Sachsen, das er als Ingenieur für Motoren- und Maschinenbau verließ.

Bevor August Horch von Carl Benz zum Betriebsleiter des Motorwagenbaus in Mannheim berufen wurde, arbeitete er von 1891 bis 1898 im Schiffsmaschinenbau in Rostock und Leipzig.

Das Museum von Winningen hat dem Ehrenbürger und Automobilpionier des Ortes, August Horch, eine besondere Abteilung gewidmet.

Die vorangegangenen beruflichen Stationen entsprachen aber offensichtlich nicht dem, was Horch sich für seine Zukunft vorstellte. Er wollte sich irgendwann seinen Kindheitstraum erfüllen und als Autobauer den Durchbruch erreichen.

Im Jahr 1899 kam er diesem Ziel näher. Er gründete seine eigene Firma Horch & Cie. in Köln-Ehrenfeld. Auch wenn es zuerst nur um Reparaturen von Motoren ging, war doch der Anfang gemacht. Schon 1901, nach Verlegung seiner Firma nach Zwickau, konnte sein erstes selbst konstruiertes Auto auf die Straße rollen. Dank seinem Ehrgeiz, Fleiß und Erfindergeist entwickelten sich die HORCH-WERKE zu einem fortschrittlichen Unternehmen.

Im Jahr 1909 kam es zu innerbetrieblichen Unstimmigkeiten, sodass Horch es vorzog, die Firma zu verlassen. Er gründete ein neues Unternehmen. Bei der Namensgebung wehrte sich die Leitung der ehemaligen Firma gegen die nochmalige Verwendung des Namens Horch. Doch August Horch ließ sich nicht beirren, wollte seinen Namen jedoch berücksichtigt wissen. Er bediente sich des Imperativs des lateinischen Verbs „audire“ (= horchen), der „audi!“ lautet. Und schon war 1910 der Firmenname AUDI entstanden.

1949 verlieh sein Geburtsort Winningen August Horch die Ehrenbürgerschaft. Hier fand er nach seinem Tod 1951 auch seine letzte Ruhestätte. Eine Abteilung des Museums in Winningen ist ihm gewidmet.

Der Autor

Hans-Peter Pracht

Hans-Peter Pracht (HPP) lebt in der Ahreifel und arbeitet dort als freier Autor, Eifelmaler und Ghostwriter. In den vergangenen 40 Jahren beschrieb er in zahlreichen Buchpublikationen und Artikeln Geschichte, Brauchtum, Sagenwelt und Sehenswürdigkeiten der Eifelregion. Hans-Peter Pracht ist im Lexikon der Eifelliteratur verzeichnet.

Bildnachweis

Eifelbildarchiv Autor: S. 4/5 (Inhalt: 3.v.r. + ganz rechts), 13, 17, 18, 23, 29, 31, 39, 41, 46, 53, 59, 62, 64/65, 69, 70, 73, 76, 79, 80, 83, 84, 85, 89, 93, 95, 96, 101, 104, 105, 107, 111, 117, Nachsatz, Einbandrückseite (links + oben rechts)

Shutterstock/haveseen: Einbandvorderseite

Shutterstock/JuliaHermann: Vorsatz

Shutterstock/Cirumnavigation: S. 2/3

Grohmann Museum Collection at Milwaukee School of Engineering, Milwaukee, WI, USA (Gemälde von Ludwig Knaus, 1889): S. 7

Shutterstock/Horst-Koenemund: S. 8

Eifel Tourismus GmbH, Dominik Ketz: S. 11

Von Berthold Werner - Eigenes Werk, CC BY-SA 3.0, https://commons.wikimedia.org/w/index.php?curid=7666670 Wikipedia Commons: S. 15

Breumo GmbH & Co KG: S. 21

Shutterstock/Bernhard Klar: S. 25, 42

Vogelsang IP, Dieter Zehner: S. 26

Monschauer Land Touristik e.V.: S. 33

Von Exduria2006 - Eigenes Werk, CC BY 3.0, https://commons.wikimedia.org/w/index.php?curid=19729566: S. 35

Zollmuseum Friedrichs, Aachen: S. 36

Jacqueline Huppertz: S. 4 (Inhalt: Bild links), 37

Shutterstock/HDmedien: S. 44

Eifelgemeinde Nettersheim: S. 49, 51

Brohltal-Schmalspureisenbahn Betriebs-GmbH: S. 5 (2.v.r.), 55

Gemeinde Blankenheim: S. 56, Einband hinten (rechts unten)

Archiv Tourist-Information Hillesheim: S. 61

Shutterstock/M. Volk: S. 67

Dokumentationsstätte Regierungsbunker: S. 4 (Inhalt: 2.v.l.), 75

Familie von Boeselager: S. 77

VG Bild-Kunst, Bonn 2019: S. 86

Ulrich Pfeuffer (GDKE): S. 87

Wolfram Baltin: S. 90

Bundesbildststelle des Presse- und Informationsamtes der Bundesregierung (Ref. 412-Bunsdesbildstelle): S. 94

Von Johnny Chicago at lb.wikipedia, CC BY-SA 3.0, https://commons.wikimedia.org/w/index.php?curid=15341854: S. 99

Fa. Rathscheck-Schiefer, Mayen: S. 103

Eifeler Glockengießerei C. Mark-Maas e. K.: S. 109

Junggesellenverein Sodalität, Schönecken: S. 112, 113

Shutterstock/Jesus Barroso: S. 115

AUDI AG, Ingolstadt: S. 116

Atelier Markgraf, Bad Neuenahr: S. 118

Einband vorn: Blick auf Burg Eltz.
Vorsatz: Rotweinwanderweg im Ahrtal.
Seite 2/3: Blick auf das Schalkenmehrener Maar in der Vulkaneifel.
Seite 4/5 (von links): Schmugglerdenkmal in Mützenich, „Regierungsbunker" bei Bad Neuenahr-Ahrweiler, Wasserfall Dreimühlen, Brohltalbahn, Schloss Bürresheim bei Mayen.
Nachsatz: Fachwerk in Monschau im Tal der Rur.
Einband hinten: Kaiser-Wilhelm-Turm bei Adenau (links), Szene am Elzbach in Monreal (oben rechts), Geisterzug in Blankenheim (unten rechts).

Impressum

Sutton Verlag GmbH
Arnstädter Straße 8
99096 Erfurt
www.suttonverlag.de

ISBN: 978-3-96303-167-0
Druck: Florjančič Tisk d.o.o. / Slowenien
Gestaltung und Herstellung: Sutton Verlag

In diesem Buch wird aus Gründen der besseren Lesbarkeit das generische Maskulinum verwendet. Weibliche und anderweitige Geschlechteridentitäten werden dabei ausdrücklich mitgemeint, soweit es für die Aussage erforderlich ist.

Stefan Kleine-Erfkamp

Die Eifelquerbahn zwischen Gerolstein und Mayen

19,99 € | ISBN: 978-3-95400-801-8

Buchhinweise

Hans Schüller

Basaltlavabetrieb zwischen Rhein und Eifel

19,99 € | ISBN: 978-3-86680-196-7

Joachim Schröder
Ländliches Leben in der Eifel
in historischen Fotografien
SUTTON ARCHIV